Malik Sikander Hayat Khiyal
Jafar Muzeyin Worku

Definição de uma política de segurança eficaz para empresas que utilizam o Cloud Compt

Malik Sikander Hayat Khiyal
Jafar Muzeyin Worku

Definição de uma política de segurança eficaz para empresas que utilizam o Cloud Compt

ScienciaScripts

Imprint

Any brand names and product names mentioned in this book are subject to trademark, brand or patent protection and are trademarks or registered trademarks of their respective holders. The use of brand names, product names, common names, trade names, product descriptions etc. even without a particular marking in this work is in no way to be construed to mean that such names may be regarded as unrestricted in respect of trademark and brand protection legislation and could thus be used by anyone.

Cover image: www.ingimage.com

This book is a translation from the original published under ISBN 978-3-330-35328-2.

Publisher:
Sciencia Scripts
is a trademark of
Dodo Books Indian Ocean Ltd. and OmniScriptum S.R.L publishing group

120 High Road, East Finchley, London, N2 9ED, United Kingdom
Str. Armeneasca 28/1, office 1, Chisinau MD-2012, Republic of Moldova, Europe
Printed at: see last page
ISBN: 978-620-7-70428-6

Copyright © Malik Sikander Hayat Khiyal, Jafar Muzeyin Worku
Copyright © 2024 Dodo Books Indian Ocean Ltd. and OmniScriptum S.R.L publishing group

DEDICAÇÃO

Dedico esta tese ao meu irmão mais velho, Teshome Banteyedagn, que desapareceu para sempre dos nossos olhos amorosos e que deixou um vazio que nunca será preenchido nas nossas vidas. Apesar de teres partido para sempre, o lugar onde me encontro hoje na vida mantém a tua memória fresca. Não poderia ter imaginado ter sucesso nos meus estudos sem a tua generosidade e carinho. Amo-te e sinto a tua falta para além das palavras.

AGRADECIMENTOS

Há uma série de pessoas sem as quais esta tese não poderia ter sido escrita e às quais estou muito grato.

Em primeiro lugar, gostaria de agradecer ao meu orientador, Dr. Malik Sikander Hayat Khiyal, pelos seus conselhos durante o trabalho de tese e pelas inúmeras horas de reflexão, leitura, encorajamento e, acima de tudo, paciência ao longo de todo o processo. As suas sugestões ajudaram-me a chegar a este resultado final. É com sincera gratidão e o mais sincero agradecimento que apresento o meu reconhecimento ao meu orientador de tese.

Gostaria de agradecer ao Dr. MoammadDaud Awan, Diretor da Faculdade de Ciências Informáticas da Universidade de Preston, Islamabad. Pelos seus conselhos e ajuda constantes, especialmente quando a situação se tornou difícil para mim.

Gostaria de expressar os meus sinceros agradecimentos ao Dr. Bob Duncan, da Universidade de Aberdeen, Reino Unido, pelos seus conselhos durante o trabalho de tese. As suas observações e comentários ajudaram-me a definir a direção geral da investigação e a avançar com a investigação em profundidade. As suas sugestões ajudaram-me a melhorar as minhas capacidades de resolução de problemas e de investigação. Mais do que tudo, aprendi com ele o valor de ajudar e orientar qualquer pessoa sem condições.

Por último, gostaria de exprimir o meu amor e a minha gratidão à minha família e aos meus amigos, por todos os sacrifícios que fizeram para que eu tivesse sucesso ao longo da minha vida de estudante na universidade e, em particular, durante a realização desta tese.

JAFAR MUZEYIN WORKU

Índice

Lista de abreviaturas

API	- Application Programming Interfaces
APT	- Advanced Persistence Threats
AWS	- Amazon Web Services
CC	- Cloud Computing
CSA	- Cloud Security Alliance (CSA)
CSRF	- Cross-Site Request Forgery
DDoS	- Distributed Denial of Service
IAM	- Identity and Access Management
IDC	- International Data Corporation
IDS	- Intrusion Detection System (IDS)
IT	- Information Technology
IaaS	- Infrastructure-as-a-Service
NIST	- National Institute of Standards and Technology
OWSAP	- Open Web Application Security Project (OWSAP)
PaaS	- Platform as-a-Service
PTCL	- Pakistan Telecommunication Company Limited
SaaS	- Software-as-a-Service
VM	- Virtual Machine (VM)
UI	- User Interface
XML	- eXtensible Markup Language

Resumo

A computação em nuvem oferece uma variedade de serviços como plataforma computacional, potência computacional, armazenamento e aplicações através da Web. Os serviços de computação em nuvem trouxeram uma tecnologia de apoio ao negócio que atrai diferentes empresas em todo o mundo. Apesar do facto de a computação em nuvem ter sido implantada e utilizada em parte do mundo, a segurança na computação em nuvem ainda está no seu início. Hoje em dia, as notícias sobre ciberataques tornaram-se familiares. As empresas em todo o mundo sofrem diferentes incidentes de segurança, nos quais informações sensíveis, protegidas ou confidenciais são vistas, copiadas, transmitidas, roubadas ou perdidas por pessoas que não estão autorizadas a fazê-lo. Assim, com um número crescente de empresas a recorrer à utilização de serviços na nuvem, é muito importante definir uma política de segurança eficaz para proteger a informação.

O objetivo deste estudo é definir uma política de segurança eficaz para as empresas que utilizam a computação em nuvem. Muitas empresas já têm políticas de segurança em vigor para proteger os seus dados. No entanto, especialmente numa situação de nuvem, é provável que as políticas não estejam actualizadas nem sejam eficazes, devido à constante alteração das ameaças de ataque. As ameaças à segurança e a vulnerabilidade têm dado crédito aos atacantes para acederem às informações de diferentes utilizadores.

Em primeiro lugar, este estudo identifica os desafios de segurança que as empresas têm de enfrentar para definirem uma política de segurança eficaz com as correspondentes soluções existentes. Através do estudo, foram identificados 31 desafios de segurança que as empresas devem conhecer e ter em conta quando definem os objectivos de segurança das empresas. Os desafios de segurança identificados foram categorizados em desafios técnicos e de gestão. Os desafios de segurança de gestão discutiam as áreas em que a empresa frequentemente comete erros, enquanto os desafios técnicos apresentavam os desafios de segurança relacionados com a tecnologia de nuvem.

Em segundo lugar, uma das principais contribuições deste estudo é um modelo de política de segurança. O modelo de política de segurança proposto pode ajudar a organização a enfrentar eficazmente os desafios de segurança na política de segurança. O modelo contém cinco elementos: objectivos de segurança, políticas, mecanismos de segurança, requisitos de segurança e desafios de segurança. Os desafios de segurança abordados na política de segurança passam pelas etapas existentes no modelo de política de segurança. Este será um processo contínuo que deve continuar infinitamente devido à natureza em constante mudança dos desafios de segurança. De um modo geral, o modelo é utilizado para definir uma política de segurança eficaz que garanta a proteção dos activos da organização e o cumprimento dos objectivos de segurança desejados pela empresa.

Capítulo 1

Introdução

1.1 Introdução

A rápida progressão das tecnologias da informação na última década criou a computação em nuvem. A computação em nuvem surge como a capacidade de aceder e manipular informações armazenadas em servidores remotos, utilizando qualquer plataforma com acesso à Internet, incluindo telemóveis inteligentes. Estas características únicas trouxeram mudanças positivas na arquitetura comercial das empresas. Muitas empresas consideram que a computação em nuvem é a melhor forma de aceder a recursos informáticos, como hardware, software e dados, através de um sítio Web.

As vantagens da computação em nuvem para as pequenas, médias e grandes organizações são amplamente reconhecidas. A computação em nuvem oferece inúmeros serviços tecnológicos e oportunidades de negócio que não existiam há alguns anos. Nos últimos anos, tem-se verificado um maior interesse por parte de várias empresas e utilizadores individuais, à medida que a nuvem continua a desenvolver-se. De acordo com o right Scale[1], que se centra na infraestrutura como serviço, a adoção da nuvem atingiu 77%, contra 63%. Um outro estudo da cisco[2] mostra que, em 2015, foram acrescentados mais de 500 milhões de ligações globais de dispositivos móveis, passando de 7,4 mil milhões para 7,9 mil milhões.

Atualmente, muitas empresas investem e fornecem serviços de nuvem aos utilizadores, como a Amazon, a Microsoft e a Google. Estas empresas estão frequentemente a lançar novas funcionalidades e a atualizar os seus serviços. Por exemplo, a Amazon é uma das empresas gigantes que fornecem serviços de computação em nuvem e, atualmente, 57% dos profissionais de Tecnologias da Informação (TI) executam aplicações na Amazon Web Services (AWS). A existência destas empresas deu um grande contributo para o atual mundo dos negócios, ao permitir o acesso e a partilha de dados em todo o mundo.

Apesar de todos os benefícios, a nuvem sofre de diferentes problemas de segurança. Um dos problemas com que se confrontam as associações no mundo atual é a necessidade de tornar a informação organizacional universalmente acessível. Na mudança para a computação distribuída, as organizações estão basicamente a submeter as suas informações a fornecedores de serviços externos, que armazenam e processam essas informações na nuvem [3] e a localização pode ser em qualquer parte do mundo.

A computação em nuvem está rodeada de muitos desafios de segurança. A proteção dos dados das empresas contra estes desafios na computação em nuvem é a principal preocupação. Por conseguinte, muitas empresas adoptam políticas de segurança para proteger os seus dados. No entanto, a política de segurança não é eficaz, devido à constante mudança nas ameaças de ataque. Por conseguinte, as empresas precisam de identificar todas as ameaças que enfrentam para definir uma política de segurança eficaz. Este estudo identifica os desafios de segurança que as empresas têm de enfrentar com as correspondentes soluções existentes. Por último, sugere a solução para enfrentar eficazmente estes desafios na política de segurança.

1.2 Problema de investigação

A computação em nuvem atrai ameaças à segurança que afectam a segurança dos dados da organização. A política de segurança é um dos mecanismos de segurança utilizados na computação em nuvem para proteger as informações organizacionais. No entanto, a política de segurança falha, na maior parte das vezes, na proteção dos dados das empresas contra ataques internos e externos devido a desafios de segurança. Para ter uma política de segurança eficaz, as empresas precisam de identificar e analisar os desafios de segurança que enfrentam. A identificação e a análise das ameaças à segurança relacionadas com a empresa ajudarão a formular uma política de segurança eficaz que aborde as ameaças à segurança que constituem a principal preocupação das empresas. Este estudo identifica e analisa os desafios de segurança e as necessidades das empresas para se protegerem contra eles. As técnicas de atenuação existentes praticadas pelas empresas também foram identificadas juntamente com os desafios de segurança. Em seguida, é proposta uma solução para enfrentar eficazmente os desafios de segurança na política de segurança.

1.3 Objetivo:

Os objectivos que se pretendem atingir com este estudo são os seguintes

- Compreender a importância de dispor de uma política de segurança eficaz.

- Identificar os desafios relacionados com a segurança na definição de uma política de segurança eficaz.

- Identificar os mecanismos de segurança existentes utilizados contra diferentes desafios de segurança.

- Apresentar sugestões para abordar os desafios de segurança de forma eficaz na política de segurança

1.4 Questões de investigação

Esta tese tem como objetivo definir uma política de segurança eficaz para os utilizadores da nuvem. Mais especificamente, responder às seguintes questões:

1. **Quais são os desafios de segurança que as empresas utilizadoras da nuvem enfrentam na definição de uma política de segurança eficaz?**

2. **Quais são as soluções existentes para lidar com os desafios de segurança na definição de uma política de segurança eficaz?**

3. **Como enfrentar os desafios de forma eficaz?**

1.5 Organização da tese

Capítulo 1:   Introdução; contém uma introdução sobre a computação em nuvem e os problemas que devem ser abordados. O capítulo também aborda o objetivo e a estrutura da tese.

Capítulo 2:   Computação em nuvem e segurança; contém uma discussão pormenorizada sobre a computação em nuvem, a segurança da nuvem e a política de segurança.

Capítulo 3:   Revisão da literatura; apresenta os resultados dos estudos de diferentes investigadores sobre segurança na nuvem e discute os desafios de segurança.

Capítulo 4:   Conceção e Análise; Em primeiro lugar, são explicados os métodos de investigação utilizados para este estudo; em segundo lugar, são apresentadas tabelas que contêm um resumo dos desafios de segurança para os utilizadores da nuvem e das contramedidas de segurança relacionadas com os desafios de segurança

Capítulo 5:   Modelo de política de segurança; Explica o modelo de política de segurança utilizado para abordar os desafios de segurança na política de segurança

Capítulo 6:   Conclusões e trabalho futuro; discute as conclusões e o trabalho futuro.

Capítulo 2
Computação em nuvem e segurança

2.1 Introdução

Este capítulo aborda os fundamentos essenciais da tecnologia de computação em nuvem na secção 3.1. Em seguida, na secção 3.2, é explicada a política de segurança. Na secção 3.3, é abordada a segurança da nuvem 2.2 **Computação em nuvem**

Existem diferentes definições sobre a computação em nuvem, encontradas em vários recursos, mas escolhemos aqui a definição dada pelo Instituto Nacional de Normas e Tecnologia[4]

"A computação em nuvem é um modelo que permite um acesso conveniente e a pedido à rede para partilhar um conjunto de recursos de computação configuráveis, por exemplo, redes, servidores, armazenamento, aplicações e serviços que podem ser rapidamente aprovisionados e libertados com um esforço mínimo de gestão ou de interação com o fornecedor de serviços."[4, p.1]

Esta definição indica claramente que, através desta tecnologia, os utilizadores não têm de gerir os seus próprios recursos informáticos; em vez disso, adquirem as suas necessidades informáticas como serviços através da Internet[5].

A computação em nuvem (CC) oferece capacidades únicas para as organizações, proporcionando um armazenamento de dados rápido e adequado com todos os serviços. A CC transforma a infraestrutura, os modelos e os serviços de tecnologia da informação, oferecendo ao mercado um enorme potencial de eficiência e de novos negócios. Além disso, permite reduzir as taxas gastas em infra-estruturas de computação, melhorando o desempenho e expandindo a produtividade de uma organização^]. A elasticidade e a escalabilidade são características fundamentais dos serviços de computação em nuvem, que permitem aumentar a flexibilidade e a agilidade para fazer face às mudanças necessárias nas empresas[7].

2.1.1 Características da computação em nuvem

As características essenciais da computação em nuvem foram definidas pelo National Institute of Standards and Technology[4]. As características da computação em nuvem foram apresentadas por [8] na figura 2.1.

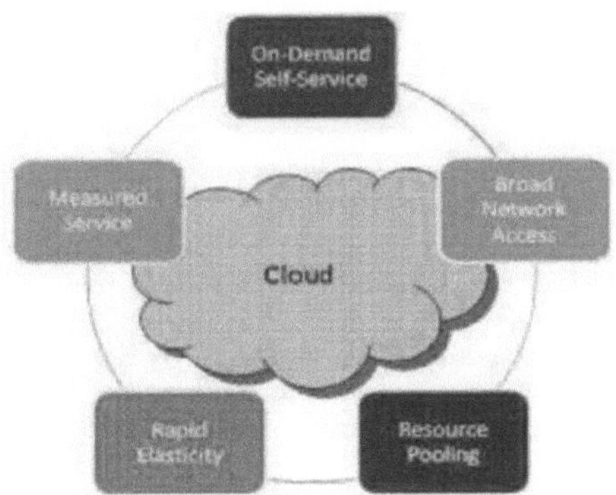

Figura 2.1: Características da computação em nuvem [8]

1. **Autosserviço a pedido**. Um consumidor pode configurar automaticamente capacidades de computação, por exemplo, tempo de servidor e armazenamento em rede, sem o envolvimento de fornecedores de serviços.

2. **Acesso alargado à rede**. Capacidade de aceder a diferentes recursos através de protocolos de rede normalizados através da Internet, incluindo telemóveis, tablets, computadores portáteis e estações de trabalho, etc.

3. **Agrupamento de recursos**. Os recursos de computação em nuvem são agrupados pelos fornecedores de serviços de computação em nuvem e partilhados entre vários consumidores de acordo com as necessidades dos clientes.

4. **Elasticidade rápida**. As capacidades podem ser rápida e elasticamente aprovisionadas, nalguns casos automaticamente, para serem rapidamente expandidas para fora e rapidamente libertadas para

serem rapidamente expandidas para dentro.

5. **Serviço medido**. Os sistemas de computação em nuvem controlam e optimizam automaticamente a utilização dos recursos, tirando partido de uma capacidade de medição a um nível de abstração adequado ao tipo de serviço (por exemplo, armazenamento, processamento, largura de banda e contas de utilizadores activos). A utilização dos recursos pode ser monitorizada, controlada e comunicada, proporcionando transparência tanto para o fornecedor como para o consumidor do serviço utilizado.

2.1.2 Benefícios da computação em nuvem

Alguns benefícios importantes da computação em nuvem são os seguintes

A poupança de custos é conseguida evitando grandes investimentos iniciais para aquisição de software e hardware. As despesas de manutenção e de formação são igualmente reduzidas. A associação pode repartir os activos por diferentes exercícios[9].

A agilidade e a escalabilidade das empresas são conseguidas através da aceitação de soluções baseadas na nuvem, o que provoca uma capacidade de desenvolvimento e de mudança nas organizações[9].

O acesso a novos serviços informáticos permite às empresas acederem a novos serviços informáticos. Desta forma, as regras da concorrência estão a mudar[9].

Maior mobilidade: O acesso aos recursos, quando e onde for necessário, é altamente acessível para os utilizadores. Através da Internet, estes podem aceder a informações e aplicações a partir de qualquer lugar[10].

Aumento do armazenamento: no que respeita aos sistemas informáticos privados, podem ser armazenadas quantidades enormes de informação do que o habitual[4].

Mudança de foco nas TI: As organizações podem concentrar-se na inovação, por exemplo, na implementação de estratégias de novos produtos numa organização, em vez de se preocuparem com questões de manutenção, como actualizações de software ou problemas informáticos[9].

2.1.3 Modelos de serviço

A computação em nuvem é reconhecida como três modelos definitivos: Software como Serviço (SaaS), Plataforma como Serviço (PaaS) e Infraestrutura como Serviço (IaaS). Através destes três conjuntos de modelos de serviço, a computação em nuvem foi acedida. A Figura 2.2 mostra a arquitetura da computação em nuvem e os modelos de serviço.

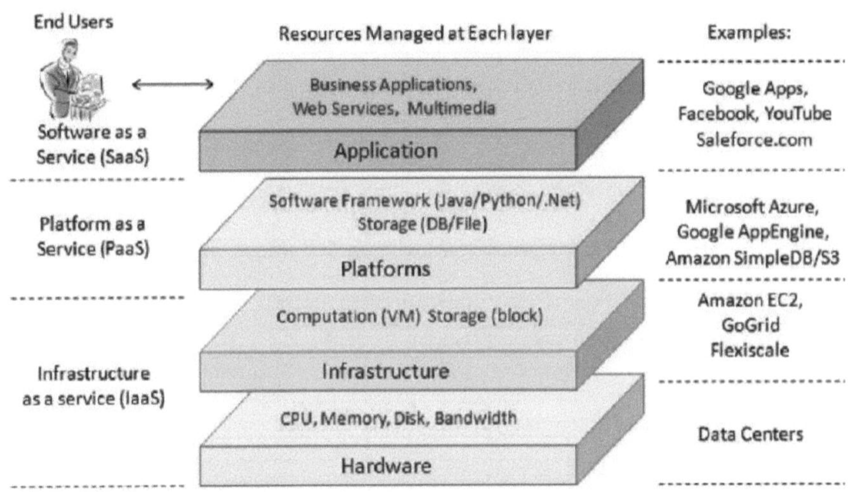

Figura 2.2: Arquitetura da computação em nuvem e modelos de serviços[11]

2.2.3.1 Software como serviço (SaaS)

O SaaS fornece aplicações de software em que o utilizador final pode utilizar as aplicações do fornecedor que funcionam na nuvem. O fornecedor de software SaaS é responsável pelo controlo da aplicação de software, o fornecedor de SaaS possui o software e executa-o em computadores no seu centro de dados e as organizações e os indivíduos não o possuem, mas alugam-no e compram um serviço baseado em subscrição aos fornecedores de computação em nuvem [12]. O SaaS permite que as organizações e as pessoas diminuam a dependência da secção de TI interna, adaptando rapidamente a computação distribuída[13]. Estas aplicações podem ser obtidas a partir de diferentes interfaces de cliente, como os navegadores Web. Um cliente de SaaS não precisa de manter, supervisionar ou controlar a infraestrutura fundamental da nuvem (por exemplo, rede, sistemas operativos, armazenamento, etc.)[4].

2.2.3.2 Plataforma como um serviço (PaaS)

A PaaS oferece aos utilizadores recursos que lhes permitem implantar na infraestrutura de computação em nuvem as aplicações criadas ou produzidas pelo utilizador. O utilizador não gere nem controla a infraestrutura fundamental da nuvem, incluindo a rede, os servidores, os sistemas operativos ou o armazenamento, mas tem controlo sobre as aplicações implantadas e o ambiente de execução das aplicações. Os serviços PaaS incluem a conceção de aplicações, o desenvolvimento, os testes, a implantação, o alojamento, a colaboração entre equipas, a integração de serviços Web, a integração de bases de dados, a segurança, a escalabilidade, o armazenamento, a gestão do estado e o controlo de versões[4][14].

2.1.3.1 Infraestrutura como serviço (IaaS)

As soluções IaaS são englobadas na camada de hardware e na camada de infraestrutura. O utilizador tem a possibilidade de controlar o processo, supervisionar o armazenamento, a rede e outros recursos informáticos essenciais que são úteis para gerir uma programação arbitrária, que pode incluir o sistema operativo e as aplicações. O fornecedor de serviços de computação em nuvem (CSP) é responsável pelo controlo e gestão da infraestrutura subjacente da computação em nuvem (principalmente hardware), enquanto o consumidor é responsável pela gestão da máquina virtual [4].

2.1.4 Computação em nuvem: Modelos de implantação

A computação em nuvem é classificada por modelos de implantação, como mostra a figura 2.3.

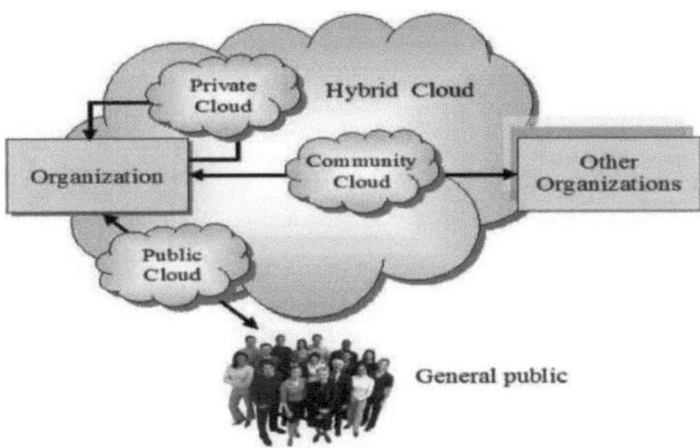

Figura 2.3: Modelos de implantação da computação em nuvem[15]

2.1.4.1 Nuvem pública

Este tipo de implantação de nuvens é acessível a grupos públicos. Estes são mantidos e reclamados pela associação que oferece serviços de computação em nuvem[10]. Os serviços de computação em nuvem pública são devorados por numerosos clientes e são geridos, operados e possuídos por uma empresa, uma associação governamental ou uma mistura de ambos[4].

2.1.4.2 Nuvem privada

Um tipo de implantação de nuvem utilizado por uma única empresa e que não permite o acesso a partir de redes externas. Os serviços de nuvem privada são devorados por numerosos clientes e geridos, operados e possuídos pela própria empresa, por terceiros ou por uma combinação de ambos[4].

2.1.4.3 Nuvem híbrida

Um tipo de modelo de implantação que mistura pelo menos dois modelos de implantação diferentes, como o privado, o público ou uma comunidade. Deste modo, alguns dos recursos residem no local, enquanto outros são externalizados[9].

2.1.4.4 Nuvem comunitária

Este tipo de infraestrutura de computação em nuvem é partilhado por algumas associações e apoia um grupo específico com preocupações partilhadas. Os serviços comunitários de computação em nuvem são devorados por numerosos clientes e geridos, operados e possuídos pela própria empresa, por um terceiro ou por uma combinação de ambos[4].

2.3 Política de segurança

De acordo com o National Institute of Standards and Technology (NIST)[16, p.34], a política de segurança é descrita como "um conjunto de directivas, regulamentos, regras e práticas que determinam a forma como uma organização gere, protege e distribui a informação". Por conseguinte, o desenvolvimento da política de segurança é uma ação essencial. A fiabilidade de todo o programa de segurança da informação de uma organização depende de uma política de segurança da informação bem elaborada[17].

As organizações devem ter um programa de proteção da informação para o programa geral de garantia dos recursos[18]. A administração está encarregada de garantir que sejam estabelecidos controlos satisfatórios para assegurar os activos da empresa[18]. Um programa de segurança da informação que inclua políticas, normas e procedimentos permitirá que a administração apresente uma consideração normalizada[19]. Qualquer programa de qualidade começa e termina com uma política, para além de que as políticas de segurança são o controlo de baixo custo a executar, mas o mais difícil de implementar corretamente[20]. Assim, as políticas de segurança devem ser mantidas, divulgadas, lidas, compreendidas, acordadas e assinadas pelos trabalhadores e aplicadas pela organização com um objetivo final específico a ser convincente [20].

A política de segurança da informação é um documento que dá orientações para a segurança da informação dentro de uma organização [21]. Os autores [21] explicaram mais pormenorizadamente as características gerais de uma política de segurança da informação.

Deve ser breve e fácil de ler: a política deve ser breve e simples de ler. Sugerem-se diferentes comprimentos que vão de uma a cinco páginas.

A política deve refletir a cultura organizacional o estilo de composição da política deve refletir a cultura organizacional para garantir o reconhecimento do documento pelos clientes da organização.

A política de segurança da informação deve ser revista periodicamente: Uma política de segurança da informação deve ser estudada ocasionalmente para garantir que se mantém actualizada e também significativa para os objectivos de segurança da informação da organização.

2.4 Segurança na nuvem

A implementação da computação em nuvem trouxe oportunidades para o sector público e privado, oferecendo diferentes vantagens em termos de baixo custo e acessibilidade dos dados. Uma vez que a computação em nuvem oferece todas estas vantagens, há muitas empresas que estão a recorrer à computação em nuvem para obter serviços. Segundo um relatório de 62% das empresas, os seus investimentos em computação em nuvem permitem-lhes aumentar os lucros em média 22%. Apesar de todas estas vantagens terem sido criadas em consequência da implantação da computação em nuvem, a segurança continua a ser um grande desafio.

A segurança na computação em nuvem tornou-se um tema importante que atrai diferentes investigadores. Se os desafios em matéria de segurança se mantiverem, é certo que também atrairão mais atenção nos próximos anos. De acordo com o inquérito realizado pela International Data Corporation (IDC)[22] em setembro de 2009, apresentado na figura 2.4, as questões de segurança são citadas (87,7). Os resultados do inquérito demonstram que a segurança é o principal desafio entre todos os parâmetros que influenciam o desempenho e o desenvolvimento da computação em nuvem. Assim, o tema da segurança da computação em nuvem continuará a ser muito procurado.

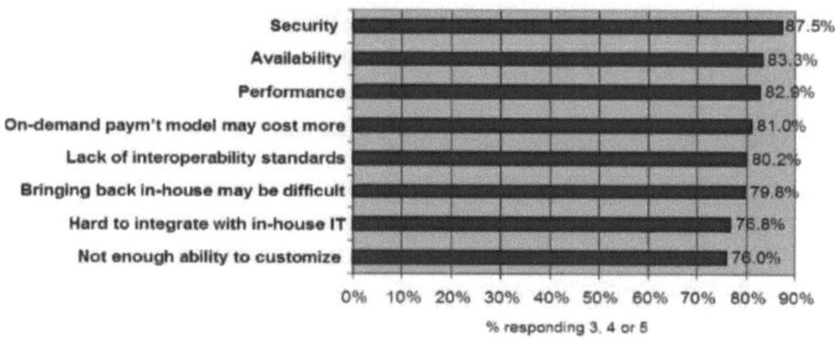

Figura 2.4: Desafios da taxa de nuvem [22]

Quanto mais cresce a utilização da computação em nuvem, mais surgem novas ameaças e vulnerabilidades à segurança. Estas ameaças e vulnerabilidades têm dado crédito aos atacantes para acederem às informações de diferentes utilizadores. Por exemplo, em 2009, a Anthem Inc, a segunda maior seguradora de saúde, foi atacada por piratas informáticos criminosos. Os piratas informáticos roubaram cerca de 80 milhões de registos de clientes, que contêm dados sensíveis dos clientes, incluindo nomes, datas de nascimento e números da segurança social[23]. Outras violações notáveis em 2014 ocorreram na Sony, por um grupo chamado Guardians of Peace (GOP). Conseguiram violar o sistema de entretenimento da Sony e deitar abaixo o seu sistema. Como resultado deste ataque, mais de 100 terabytes de dados foram roubados à Sony[23].

As redes sociais são também outro alvo dos atacantes. Em 2013, o Twitter enfrentou 11 incidentes de pirataria informática, apesar de o ataque afetar, na maioria dos casos, contas individuais[23]. Outro ataque a redes sociais foi o Snap chat, que ocorreu duas vezes em 2014[23]. Na primeira violação, foram roubados 4,6 milhões de nomes de utilizador e números de telefone e, mais tarde, em outubro de 2014, os dados roubados

postado na Baía dos Piratas. Os relatórios de segurança indicam que o motivo do ataque foi o Snap O chat tem uma vulnerabilidade[23].

18

3.4.1 Questões que devem ser abordadas

Os problemas na computação em nuvem podem ser desencadeados pela rede, pelo hipervisor e pela

Ataque de vetor de hardware informático[24], como se mostra na figura 2.5. Os atacantes são responsáveis

para estes ataques são: utilizadores externos, utilizadores internos e o próprio fornecedor de serviços em nuvem[24].

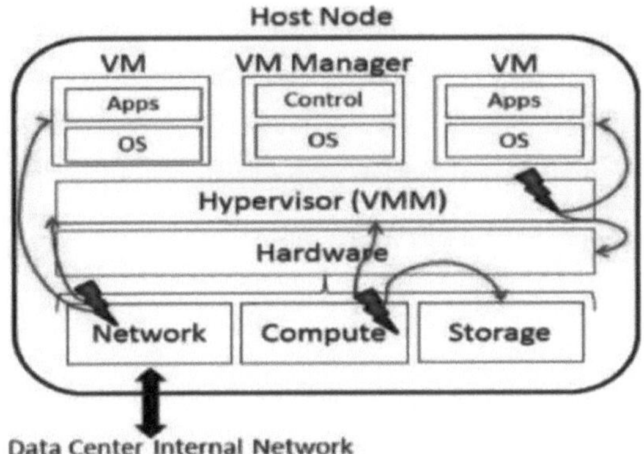

Figura 2.5: Ataque vetorial à plataforma de computação em nuvem [24]

- **Utilizadores externos** - através do canal de comunicação da rede da nuvem podem atacar a infraestrutura da nuvem, o que afecta a confidencialidade, a integridade e a disponibilidade dos dados dos centros de dados do fornecedor da nuvem (CP) [24].

- **Utilizadores internos** - O multilocatário é um dos principais futuros da computação em nuvem, mas é um dos factores que permitem os ataques, porque o atacante e a vítima partilham o mesmo anfitrião. Este problema pode estar na origem de violações de dados que podem conter informações sensíveis[24].

- **O próprio fornecedor de serviços em nuvem** - um empregado do fornecedor de serviços em nuvem pode utilizar a sua posição e privilégios para explorar informações sensíveis dos utilizadores[24].

As questões relacionadas com a tecnologia de base da computação em nuvem agrupam-se em três componentes principais, nomeadamente as aplicações Web, as virtualizações e a criptografia[25].

Aplicações e serviços Web - são as tecnologias mais utilizadas para aceder aos serviços de computação em nuvem[25].

A virtualização é a principal tecnologia subjacente à existência da computação em nuvem. Tanto o Software como Serviço (SaaS) como a Plataforma como Serviço (PaaS) baseiam-se na virtualização da infraestrutura fornecida ao nível do IaaS[25].

As técnicas **de criptografia** são atualmente as mais comuns para atingir um nível satisfatório de requisitos de segurança para a computação em nuvem[25].

Por conseguinte, quaisquer vulnerabilidades conhecidas dos três componentes tecnológicos fundamentais acima referidos podem ser consideradas vulnerabilidades dos sistemas de computação em nuvem. Uma vez que as empresas incluem pessoas, processos e tecnologia[26], todos os problemas esperados relacionados com estas componentes requerem uma atenção especial. Por conseguinte, é realmente importante conhecer as ameaças e as vulnerabilidades à segurança que constituem a principal preocupação das empresas, a fim de definir uma política de segurança eficaz.

Capítulo 3

Revisão da literatura

3.1 Introdução

Este capítulo aborda as questões de segurança da computação em nuvem. A literatura relacionada é analisada na secção 3.2. Em seguida, os desafios de segurança são discutidos na secção 3.3. As tendências das contramedidas são discutidas na secção 3.4.

3.2 Trabalho relacionado

A computação em nuvem surgiu como uma das inovações que permitem ao mundo das tecnologias da informação utilizar os recursos informáticos com êxito e eficiência[4]. O que isto significa é que a computação em nuvem oferece uma grande variedade de activos, como plataforma computacional, potência computacional, armazenamento e aplicações aos clientes através da Web. Uma vez que a computação em nuvem oferece todas estas vantagens, há uma série de organizações que se deslocam para a nuvem com o objetivo de utilizar os diferentes serviços que esta oferece. Com um número crescente de organizações a recorrer à utilização de activos na nuvem, é necessário proteger as informações dos diferentes clientes. Mas a utilização de sistemas de computação em nuvem torna os riscos de segurança e disponibilidade cada vez mais impermeáveis para os utilizadores de serviços em nuvem.

A complexidade e o risco aumentam apesar dos benefícios económicos que a computação em nuvem oferece às empresas [27]. Há vários desafios de segurança que acompanham o poder da flexibilidade e da facilidade de utilização da computação em nuvem e que podem ter impacto na sua adoção, apesar de a computação em nuvem ser um método diferente para aceder a aplicações e simplificar o trabalho [28].

Muitos investigadores estudaram as questões e os desafios da computação em nuvem. O autor em [29] discutiu os desafios da segurança e da privacidade num ambiente de computação em nuvem.

Introduziram e discutiram questões de computação em nuvem que intensificam a segurança da nuvem. A fim de resolver a heterogeneidade semântica entre as políticas, os autores propuseram o desenvolvimento de um quadro de gestão da confiança para a integração de políticas e ontologias. Além disso, apontam algumas metodologias concebíveis e direcções de investigação para as resolver.

Em [30], o autor aborda algumas questões fundamentais de segurança da computação distribuída. O autor afirma que a utilização da computação em nuvem irá aumentar num futuro não muito distante e que mais organizações irão partilhar os seus dados com servidores em nuvem, o que poderá atrair grandes grupos de piratas informáticos. Além disso, afirma que, no futuro, existem resultados potenciais para questões de interoperabilidade e de bloqueio de informação, que podem ser reduzidos através da utilização de referências abertas desde a época da apropriação da computação em nuvem.

Os autores em [31] sugeriram que é necessário abordar as questões de segurança na computação em nuvem, em que toda a computação é efectuada no lado do servidor e no centro de dados. Neste estudo, os autores apresentam vários desafios de segurança na nuvem que têm de ser considerados para proteger a fuga de informações. O objetivo deste documento era destacar diferentes questões de segurança e analisá-las.

Em [32], os autores forneceram informações sobre as preocupações com a segurança da nuvem a partir de várias perspectivas. Do ponto de vista da arquitetura, a multitenancy e a elasticidade desempenham um papel importante na segurança da nuvem, pelo que o fornecedor da nuvem tem de fornecer estas características. Do ponto de vista das partes interessadas, as configurações de segurança devem ser organizadas e cada serviço deve ser mantido em um nível em tempo de execução. Do ponto de vista do modelo de prestação de serviços, os modelos IaaS, PaaS e SaaS têm diferentes questões de segurança que precisam de ser abordadas. Os autores recomendaram diferentes soluções para abordar estas questões: em primeiro lugar, a API deve fornecer interfaces flexíveis; em segundo lugar, deve suportar o multilocatário, em que cada cliente só pode ver as suas próprias configurações de segurança; em terceiro lugar, deve ser adaptável para satisfazer as necessidades dos clientes e as alterações ambientais.

Os autores em[33], apresentaram as questões técnicas de segurança que estão mais relacionadas com as questões dos serviços Web e do navegador Web. Estas questões continuam a ser fundamentais para a computação em nuvem, uma vez que a computação em nuvem utiliza consideravelmente os serviços Web e os clientes dependem dos programas de navegação Web para obter o acesso oferecido pelos fornecedores de serviços em nuvem. Os ataques comuns contêm a assinatura XML (Extensible Mark-up Language) Element Wrapping. De acordo com os autores, para melhorar a segurança da computação em nuvem, é necessário reforçar a capacidade de segurança dos navegadores Web e dos serviços Web, incorporando o último no anterior.

Em [34], o autor apresentou diferentes ameaças à segurança na computação em nuvem. As principais ameaças identificadas por um autor são essenciais para as empresas que pretendem mudar para a nuvem, a fim de proteger os seus dados contra elas. Este estudo discutiu em pormenor os factores de risco relacionados com a computação em nuvem. Além disso, são apresentadas técnicas de atenuação que podem ser utilizadas contra as ameaças identificadas. O autor sugeriu que as empresas seleccionassem o melhor fornecedor de serviços de computação em nuvem antes de passarem para a nuvem e que o fornecedor de serviços de computação em nuvem tivesse experiência, normas e regulamentos em matéria de nuvem. De um modo geral, o objetivo deste estudo foi orientar as pessoas que se sentem atraídas pelos serviços de computação em nuvem e que estão interessadas em beneficiar deles.

Os autores em[35], exploraram as questões políticas levantadas pela computação em nuvem, bem como a natureza e o potencial da computação em nuvem. Segundo os autores, as questões políticas identificadas com a computação em nuvem não estão a ser amplamente consideradas. Apresentaram questões políticas importantes que a política de segurança deve ter em conta, como a fiabilidade e a responsabilidade dos utilizadores, a segurança, a privacidade e o anonimato.

Em [36], os autores discutem a forma de abordar as questões emergentes de segurança da nuvem e as perspectivas jurídicas através da responsabilização. As questões são explicadas a partir de duas perspectivas diferentes. A primeira discute questões emergentes que constituem obstáculos à governação dos dados na nuvem, como a falha de isolamento, a eliminação incompleta de dados, o risco de bloqueio e a perda de governação. A segunda refere a complexidade da proteção de dados na UE. Para abordar estas questões, os autores propuseram como solução o apoio à responsabilização na nuvem e apresentaram um modelo que ajuda as práticas organizacionais a serem responsabilizadas.

Os autores em[37], propuseram um quadro concetual de segurança que pode ser utilizado para garantir a conformidade, a garantia e a segurança contínuas. O quadro proposto permite monitorizar o sistema através da revisão de normas insuficientes existentes para uma garantia de segurança adequada. O autor propôs uma camada de garantia e uma camada de auditoria. Uma camada de garantia para analisar a forma como a camada operacional cumpre o objetivo definido na camada declarativa e a camada de auditoria para assegurar o bom funcionamento do sistema e a realização do objetivo desejado.

O autor, em[18], apresentou sugestões para proteger o modelo de Infraestrutura como Serviço (IaaS). O documento aborda a parte da política de segurança, os acordos de nível de serviço e as conformidades, a fim de melhorar a segurança dos serviços IaaS. O autor introduziu várias políticas de segurança aplicáveis para reforçar a segurança da IaaS na nuvem. Além disso, este documento analisa os resultados possíveis da aplicação de diversos tipos de políticas de segurança para melhorar a segurança da IaaS.

Em [38], o autor propôs uma metodologia para analisar os requisitos de segurança e criar uma política de segurança para gerir os desafios de segurança. A metodologia examina os requisitos de segurança através do reconhecimento de ameaças colocadas por utilizadores indevidos, tanto externos como internos, a um sistema. Os activos da nuvem são representados por modelos de objectos de alta ordem, e são desenvolvidos casos de utilização indevida juntamente com diagramas de malactivityswimlane para avaliar hierarquicamente as ameaças à segurança. Os requisitos de segurança da nuvem são então especificados e as políticas são desenvolvidas para os satisfazer.

Em [39], os autores apresentam um modelo de controlo de acesso sensível à privacidade que impõe as preferências da política de privacidade através da aplicação de um algoritmo de consulta. O modelo de controlo proposto pelos autores, denominado PrivOrBAC, permite políticas e preferências de privacidade para cada componente de dados. Introduzem uma metodologia que impõe as preferências da política de privacidade através da transformação de consultas. Têm em conta as várias dimensões das preferências de privacidade através do conceito de consentimento, exatidão, finalidade e destinatário, mas não têm em conta a obrigação.

Os autores em[40], propuseram um quadro progressivo que se baseia num proxy para permitir a colaboração entre utilizadores e fornecedores de várias nuvens. Os proxies também são utilizados para gerir todos os proxies dentro da sua infraestrutura de nuvem e tratar os pedidos de serviços dos clientes que pretendem utilizar esses proxies para colaboração. O quadro proposto pode eventualmente ultrapassar alguns limites do atual modelo de computação distribuída que podem evitar o esforço coordenado dinamicamente entre aplicações facilitado por vários quadros de computação em nuvem. Além disso, o quadro tem em conta a heterogeneidade das políticas e os conflitos.

Em [41], o autor concentra-se em questões de computação em nuvem associadas à gestão de políticas e ao controlo do acesso. Para enfrentar os desafios relacionados com a heterogeneidade, o autor propôs uma estrutura semântica de gestão de políticas. O quadro contém dois componentes principais, designados por componente de gestão e especificação de políticas e componente de avaliação de políticas. A estrutura proposta permite que os clientes determinem políticas de controlo de acesso através da Web semântica.

Em [42], os autores analisam diferentes preocupações de segurança relacionadas com a computação em nuvem e as lacunas existentes nas normas de computação em nuvem. O autor refere a necessidade de implementar uma política de segurança e de conformidade no serviço de computação em nuvem para fazer face às preocupações de segurança. De acordo com a opinião dos autores, a automatização da política de segurança orientada por modelos é uma estratégia perfeita para a utilização de aplicações em nuvem. É provável que seja adoptada quando alojada como um serviço de nuvem privado ou comprometido. Foi implementada uma solução de "política como um serviço" utilizando o Object Security OpenPMF.

Em [43], os autores apresentam diferentes ameaças à segurança relacionadas com o software como serviço, a fim de definir alguns requisitos de segurança específicos a ter em conta na política de segurança dos fornecedores de serviços em nuvem. Os autores propõem um modelo para definir a ligação entre ameaças, medidas e políticas de segurança relacionadas com o modelo SaaS. A metodologia proposta nesta investigação pode ser utilizada para efeitos de desenvolvimento de uma política de segurança. Examina a forma como diferentes questões de segurança, como a confiança e a privacidade, podem ser abordadas na política de segurança da computação em nuvem.

3.3 Questões de segurança na nuvem

As questões de segurança na computação em nuvem continuam a ser a maior preocupação. Devido a estas questões, a computação em nuvem não é cem por cento segura [31]. A computação em nuvem confronta-se com vários problemas de segurança identificados e mencionados por investigadores de segurança e pelas organizações mais reconhecidas, como a Cloud Security Alliance (CSA)[44] e o Open Web Application Security Project (OWSAP)[45].

3.3.1 Desafios da segurança da gestão

Esta secção abordará questões relacionadas com a forma como a empresa gere a sua própria segurança. Estas questões representam os aspectos em que a empresa frequentemente comete erros.

3.3.1.1 A definição dos objectivos de segurança

Os objectivos de segurança surgem quando as organizações desejam evitar danos[46]. Assim, a gestão deve compreender o que precisa de ser feito e começar por definir os objectivos de segurança para a empresa [47]. O problema com os objectivos de segurança é a mudança do ambiente [37]. Como os autores em [37] sublinharam, o ambiente empresarial está em constante mudança, como as regras de governação empresarial, as atitudes em relação ao risco, a responsabilidade, a sustentabilidade, a resiliência e a ética, o que implica claramente uma mudança contínua para continuar a atingir os objectivos de segurança definidos pela gestão da empresa.

3.3.1.2 Conformidade com as normas

As normas ajudam a criar um ambiente seguro. Estas normas são utilizadas para avaliar o bom comportamento das empresas, enquanto a conformidade analisa e audita os procedimentos comerciais com base nos termos das normas que a organização se comprometeu a respeitar[47]. Assim, o cumprimento das normas pode ser considerado como uma reação da agência para proteger a gestão da empresa de não utilizar a segurança adequada[48]. Há muitos trabalhos activos relacionados com as normas, a nuvem

A informática apresenta uma série de normas de segurança. As questões que se colocam são: qual delas cumprir, ausência de normas completas que cubram todas as necessidades e falta de atualização das normas[47][48].

3.3.1.3 Questões de auditoria

O objetivo da auditoria é o processo de avaliação que a organização implementa para conhecer a eficácia da segurança da organização. A auditoria não é uma tarefa simples, mas é um desafio devido à volatilidade dos activos utilizados[49]. De acordo com os autores em[47][48], existem duas questões principais relacionadas com a auditoria da nuvem nas empresas. A primeira é a colocação de profissionais de contabilidade em lugares técnicos, retirando-os diretamente do mundo da contabilidade. O segundo é a escolha de pessoas com experiência em informática mas sem experiência em auditoria.

3.3.1.4 Abordagem de gestão

Durante muito tempo, as empresas foram geridas de acordo com os princípios da teoria da agência, em que alguém (agente) é selecionado por princípios para realizar algumas acções[50]. Os gestores da empresa (os agentes) têm acesso a informações completas, enquanto os accionistas (os proprietários) apenas têm acesso a informações incompletas (basicamente o que é divulgado no relatório anual). Isto permite que os gestores tomem decisões empresariais que podem aumentar o seu bónus, em detrimento dos benefícios para os accionistas, o que significa que os gestores podem tomar decisões que não podem dar total vantagem aos princípios e afetar a empresa[51]. Segundo os autores em[51], o problema da teoria da agência não é eficaz para travar a ganância. Para utilizar os serviços de computação em nuvem de uma forma que beneficie a empresa, é necessário que haja confiança e responsabilidade entre todos os actores, o que a teoria da agência não pode oferecer[51].

3.3.1.5 Complexidade

Apesar de as organizações se debaterem com diferentes problemas de segurança na nuvem, uma tendência única da complexidade da nuvem é outro problema de segurança para os utilizadores finais. Os sistemas de informação distribuídos tradicionais apresentam uma multiplicidade de camadas técnicas, cada uma das quais tem de interagir com uma ou mais camadas. Em vez de simplificar este processo, a nuvem introduz ainda mais camadas. Existem a infraestrutura, a plataforma e o software como serviço (IaaS, Paas e SaaS), cada um dos quais pode ser explorado por diferentes actores[48]. Os actuais modelos de segurança não têm acompanhado o ritmo de desenvolvimento rápido e complexo dos sistemas de informação modernos[48]. Esta complexidade da tecnologia coloca um risco significativo tanto para as empresas como para as administrações públicas[48].

3.3.1.6 Falta de responsabilidade e de obrigação de prestar contas

Prestação de contas e responsabilidade são termos comuns utilizados no ambiente de computação em nuvem. A responsabilização foi recentemente relacionada com o conceito de um quadro universal de privacidade e proteção de dados[52]. A responsabilidade e a responsabilização são um bom mecanismo a utilizar para atingir os objectivos de segurança [48], mas a falta de responsabilidade e responsabilização pode afetar negativamente a segurança da computação em nuvem. Os autores em[52] afirmam que a responsabilidade é uma das principais preocupações em matéria de segurança da informação na computação em nuvem, representando, mais importante ainda, a confiança nas relações de serviço entre os utilizadores e o fornecedor de serviços em nuvem. Como advertem os autores em[48], uma questão crítica é a falta de vontade do fornecedor de serviços em nuvem de aceitar a responsabilidade de garantir um nível adequado de segurança e privacidade na nuvem.

3.3.1.7 Atitude dos gestores em relação à segurança

Há alguns gestores de empresas que não compreendem a segurança ou não se preocupam com ela, talvez porque a sua implementação seja muito difícil ou dispendiosa. Quando isto acontece, o pessoal de nível inferior começa a aperceber-se de que a gestão de topo não está realmente empenhada na implementação de níveis adequados de segurança, pelo que começa a levar a segurança menos a sério, tomando muitas vezes atalhos nas práticas de segurança, o que acaba por abrir novas vulnerabilidades e fraquezas exploráveis nos sistemas da empresa[51]. Em contraste com uma empresa em que os gestores de topo compreendem realmente a segurança e estão realmente empenhados em aplicar políticas de segurança fortes na empresa. Estarão altamente concentrados na implementação e manutenção de elevados níveis de segurança na empresa e transmitirão este compromisso a todo o pessoal, dando o exemplo e tomando medidas em relação a quaisquer violações de segurança que ocorram. Estas empresas estarão ativamente a verificar possíveis violações de segurança, ao passo que, nas empresas em que a gestão tem uma má atitude em relação à segurança, nem sequer estarão a verificar se ocorreram quaisquer violações, e muito menos saberão como lidar com elas quando o inevitável acontecer [51][27].

3.3.1.8 Cultura de segurança na empresa

Em certa medida, este aspeto estará altamente relacionado com o ponto anterior, a atitude da direção em relação à segurança. Numa empresa em que os gestores de topo têm uma má atitude em relação à segurança, será muito difícil para a empresa conseguir uma boa cultura de segurança. Se os gestores de topo não promoverem a necessidade de uma boa segurança na empresa devido à sua própria má atitude em relação à segurança, invariavelmente a cultura de segurança será fraca[27]. Uma empresa com uma cultura de segurança fraca ver-se-á rapidamente exposta a todo o tipo de ataques, muitos dos quais não conseguirá defender. Essas empresas estarão particularmente expostas a ataques de engenharia social, que são muito mais fáceis de perpetrar quando a cultura de segurança é fraca ou inexistente. A Nortel, uma empresa global de telecomunicações com um negócio de vários milhares de milhões de dólares, tinha uma cultura de segurança inexistente, apesar do trabalho do CISO. Por outro lado, numa empresa com uma forte cultura de segurança, como a que se encontra na produção de energia nuclear, a segurança é extremamente apertada e os seus sistemas são altamente orientados para verificar todas as pessoas que acedem [27] aos sistemas da empresa. Levam muito a sério todas as tentativas de violação.

3.3.1.9 O ambiente de ameaça

O ambiente de ameaças põe em perigo a segurança da computação em nuvem. As ameaças estão sempre ligadas à segurança da informação devido à informação e às aplicações[34]. As ameaças provêm de uma variedade de actores diferentes com um nível de especialização variado, alguns dos quais podem ser realmente difíceis de combater[53]. Como a procura de computação em nuvem tem vindo a aumentar simultaneamente, os riscos de ameaça para a nuvem e para os utilizadores também aumentam[54]. Essas ameaças provêm de organizações patrocinadas pelo Estado, de organizações de hacktivistas, de criminosos, de hackers amadores e até de terroristas[53]. A ameaça dos hackers activistas é um problema porque são competentes e, normalmente, visam as grandes empresas com o objetivo de cometerem erros que podem resultar em tempo de inatividade do sistema, embaraço e multas regulamentares. A ameaça da atividade dos criminosos em geral visa as finanças das empresas[53].

3.3.2 Desafios técnicos de segurança

A computação em nuvem é uma combinação de diferentes tecnologias. Como a nuvem é um conjunto de tecnologias diferentes, as questões de segurança relacionadas com essas tecnologias também afectarão a segurança da nuvem. Existem diferentes desafios de segurança comunicados por organizações sem fins lucrativos como a Cloud Security Alliance (CSA)[44] e o projeto de segurança de aplicações Web abertas (OWSAP). Estes desafios afectam os activos de várias empresas em todo o mundo, prejudicando os seus activos

3.3.2.1 Violação de dados

Uma violação de dados é um incidente de segurança em que informações sensíveis, protegidas ou confidenciais são vistas, copiadas, transmitidas, roubadas ou perdidas por pessoas que não estão autorizadas a fazê-lo. Uma violação de dados pode ocorrer acidentalmente devido a falhas na infraestrutura, na conceção da aplicação, a problemas operacionais, a deficiências de autenticação, autorização e controlos de auditoria[44]. Uma única falha na aplicação de um cliente pode permitir a obtenção não só das informações do cliente, mas também dos dados de todos os outros clientes[55]. Além disso, também pode acontecer devido a diferentes razões, como os ataques de utilizadores maliciosos que têm uma máquina virtual (VM) no mesmo sistema físico a que querem aceder de forma não autorizada[44]. Uma vez que os dados de numerosos utilizadores e organizações são armazenados num ambiente de nuvem, a violação de dados de uma organização pode ter um enorme efeito na sua atividade em termos de finanças, confiança e perda de clientes[44].

3.3.2.2 Gestão insuficiente da identidade, das credenciais e dos acessos

O método de gestão da identidade permite ao cliente controlar as informações sensíveis que são fornecidas ao fornecedor de serviços para clientes e aplicações em nuvem. Embora a gestão da identidade e do acesso tenha trazido algumas realizações num modelo tradicional, o modelo de computação em nuvem trouxe um problema grave na gestão do acesso à identidade[56]. De acordo

com a maioria dos inquéritos e documentos de normalização sobre a segurança da computação em

nuvem, a gestão da identidade e do acesso é considerada uma das principais questões de

segurança[56]. Este problema tem um grande impacto na segurança dos dados da organização, uma

gestão inadequada da identidade, das credenciais ou das chaves pode permitir o acesso não autorizado

aos dados e causar danos potencialmente terríveis às organizações ou ao utilizador final[44].

3.3.2.3 Interfaces e APIs inseguras

Atualmente, cada serviço e aplicação de computação em nuvem oferece praticamente

interfaces de utilizador (IU) e interfaces de programação de aplicações (API). As interfaces de

programação de aplicações (API) e as diferentes interfaces de utilizador são o meio através do qual

os clientes controlam e comunicam com a nuvem para aceder às informações [57]. As API e as

interfaces de utilizador são, normalmente, uma parte não visível do sistema, talvez o único ativo

principal com um endereço IP acessível fora da fronteira organizacional de confiança [44]. Estes

activos serão alvo de ataques pesados, as falhas nas APIs podem levar à reconciliação de código

malicioso dentro da Nuvem para expor informações de utilizadores confidenciais [57]. A dependência

de um arranjo fraco de interfaces e APIs expõe as organizações a uma série de problemas de segurança

relacionados com a confidencialidade, a integridade, a disponibilidade e a responsabilidade [44]. Por

conseguinte, as API têm de ser concebidas para serem seguras contra tentativas acidentais e

maliciosas de contornar as API seguras.

3.3.2.4 Vulnerabilidades do sistema

As vulnerabilidades do sistema são pontos fracos nos programas que permitem aos atacantes

comprometer o sistema com a intenção de roubar dados, assumir o controlo do sistema ou perturbar

as operações do serviço [44]. A emergência da computação em nuvem, com o advento da

multitenancy e o acesso à memória e aos recursos partilhados por diferentes organizações, criou uma

nova superfície de ataque [44]. O impacto da vulnerabilidade do sistema é significativo e dispendioso se a correção não for efectuada rapidamente.

3.3.2.5 Sequestro de contas

O sequestro de contas é normalmente efectuado através de estratégias como e-mails de phishing, e-mails falsificados e janelas pop-up falsas. Os clientes respondem sem saber a verdadeira razão a alguns e-mails que fornecem ao atacante informações sobre as credenciais, que este utiliza para modificar as contas dos utilizadores, monitorizar as contas dos utilizadores, manipular os dados dos utilizadores e devolver informações falsificadas [44]. Quando um atacante acede às credenciais dos utilizadores, pode tirar partido do poder da reputação do utilizador para lançar ataques subsequentes [44]. Segundo um inquérito realizado em 2004 sobre roubo de identidade, cerca de 2 milhões de americanos foram vítimas de roubo de identidade no ano de 2004 e este tipo de ataque custou 2,4 mil milhões de dólares às vítimas[58]. Esta ameaça é incrivelmente ameaçadora para os indivíduos e as organizações. Este risco põe em causa a segurança, a integridade, a confidencialidade e a produtividade da nuvem[58].

3.3.2.6 Insiders maliciosos

Os insiders maliciosos são funcionários que têm autorização para aceder ao sistema, mas que utilizam indevidamente as suas posições para obter informações privadas e confidenciais para fins maléficos [57]. Esses invasores normalmente usam seu conhecimento íntimo dos recursos de informação da empresa, juntamente com seu acesso autorizado ao sistema, para cometer atos maliciosos e não autorizados [59]. Como resultado disso, o ataque interno pode causar mais danos ao fornecedor da nuvem, bem como aos clientes, roubando dados confidenciais [60]. O dano pode ser devastador e difícil de descobrir o atacante responsável pelo ataque em comparação com um atacante externo [59].

3.3.2.7 Ameaças persistentes avançadas

As ameaças persistentes avançadas (APT) são um ciberataque sofisticado de alto grau que compromete os sistemas de infra-estruturas informáticas de uma organização para desenvolver uma base onde possam contrabandear dados e propriedade intelectual [44]. Um grupo sofisticado de atacantes com um objetivo específico invade a nuvem de uma organização como tráfego legítimo [61]. Uma vez terminado o processo de reconhecimento, o atacante sonda diretamente a associação e, em seguida, abusa utilizando diversas estratégias, como o buffer overflow ou a SQL Injection (SQLI), ou utilizando uma exploração de dia zero, além de criar backdoors[61], para poder entrar e sair de acordo com as necessidades e, no passo final, esforça-se por encobrir os seus rastos para ser furtivo[62].

3.3.2.8 Perda de dados

Os dados podem estar em perigo se um indivíduo não autorizado aceder a um conjunto partilhado de recursos e apagar ou modificar informações. Os dados podem ser apagados ou modificados em qualquer altura por intrusos e, se não for feita uma cópia de segurança dos dados, tal pode levar à sua perda[57]. Além disso, uma eliminação acidental de dados pelo fornecedor de serviços em nuvem ou uma catástrofe física, como um incêndio ou um terramoto, pode levar à perda permanente dos dados do cliente [44]. O ónus de contrariar a perda de dados não recai apenas sobre o fornecedor de serviços de computação em nuvem. Se um cliente encriptar os dados antes de os transferir para a nuvem, deve ter o cuidado de proteger a chave de encriptação porque, se a chave se perder, os dados perder-se-ão [44].

3.3.2.9 Diligência devida insuficiente

A devida diligência pode incluir um mergulho profundo ou uma perspetiva restrita em áreas específicas de preocupação, cujas abordagens mudam consoante o âmbito da implantação da computação em nuvem e a sua materialidade para o negócio. As organizações que utilizam a computação em nuvem sem compreenderem completamente a sua natureza e os perigos que lhe estão associados podem deparar-se com uma "miríade de riscos comerciais, financeiros, técnicos, jurídicos e de conformidade"[44].

3.3.2.10 Abuso e utilização nefasta dos serviços em nuvem

A ameaça de utilização abusiva dos serviços de computação em nuvem é, até certo ponto, única, na medida em que inclui o perigo da ameaça interna, bem como o risco colocado pelos cibercriminosos de se juntarem à nuvem e abusarem dos seus serviços[63]. Os atacantes acedem sem autorização aos serviços de computação em nuvem com a intenção de lançar diferentes ataques que visam especialmente os dois serviços de computação em nuvem PaaS e SaaS. Os casos de ataques deste tipo incluem spam por correio eletrónico, ataques de negação de serviço distribuído (DDoS) e ataques de força bruta de bases de dados de credenciais roubadas[44]. Uma vez que essa ameaça inclui o pessoal interno, os fornecedores de nuvem podem ser um perigo para os recursos de dados organizacionais se não implementarem métodos de segurança rigorosos para gerenciar o acesso dos trabalhadores às informações comerciais [63]

3.3.2.11 Negação de serviço

Os ataques de negação de serviço (DoS) são agressões destinadas a impedir que os clientes do serviço tenham capacidade para aceder a informações ou aplicações. Este ataque afecta a disponibilidade do serviço ou da rede, impedindo o acesso de clientes autorizados. Os utilizadores maliciosos lançam estes ataques enviando uma enorme quantidade de pedidos falsos aos servidores para consumir o seu poder de processamento e inundar a largura de banda da rede. Neste caso, os utilizadores legítimos não poderão aceder aos serviços de rede, embora estejam autenticados[64]. Este tipo de ataques é simples e fácil de implementar pelo atacante, mas para os especialistas em segurança é difícil de proteger [65].

3.3.2.12 Vulnerabilidades tecnológicas partilhadas

A nuvem presta o serviço através da partilha de infra-estruturas, plataformas ou aplicações. Os serviços IaaS são fornecidos aos clientes através de uma infraestrutura partilhada, em que os componentes subjacentes podem não ter sido concebidos para dividir completamente a utilização de vários locatários[44]. Esta situação pode conduzir a vulnerabilidades tecnológicas partilhadas que podem ser potencialmente exploradas em todos os modelos de entrega[44]. O comprometimento de uma parte integrante da tecnologia partilhada, como o hipervisor, um componente de plataforma partilhada ou uma aplicação num ambiente SaaS, expõe mais do que apenas o cliente comprometido; expõe antes todo o ambiente a um potencial de comprometimento e violação. Esta vulnerabilidade é perigosa porque pode potencialmente afetar toda uma nuvem de uma só vez.

3.3.2.13 Injeção

A injeção incorpora uma vasta gama de vulnerabilidades em que uma aplicação envia informações não confiáveis para um sistema. Os atacantes inserem código malicioso em aplicações que têm um processo vulnerável para executar código arbitrário, de modo a obter acesso não autorizado às aplicações do cliente, como o Cross-scripting e a injeção de SQL [66]. A injeção de malware pode ser feita através de uma rede ou de um hipervisor [66]. A injeção de SQL é um dos riscos mais críticos para a segurança das aplicações Web. O atacante desenvolve código malicioso numa cadeia de caracteres que é dirigida ao servidor da base de dados para execução, o que permite ao atacante roubar ou manipular os dados do servidor[67]. Por conseguinte, o impacto da injeção SQL pode ser a leitura, a modificação de dados da base de dados e a execução de administração na base de dados.

3.3.2.14 Autenticação quebrada e gestão de sessões

As vulnerabilidades de autenticação quebrada e de gestão de sessões são bem conhecidas e têm efeitos extremos quando são exploradas. Quando ocorre um sequestro de sessão ou uma autenticação falsa, há uma quebra de autenticação e vulnerabilidades de gestão de sessão. Explora todas as vulnerabilidades relacionadas com a autenticação e a gestão de sessões, que são elementos vitais de qualquer aplicação Web[68]. Estes ataques podem dar a autorização de um cliente autenticado a um utilizador malicioso, o que pode levar a resultados graves, como a perda de confidencialidade, integridade, autenticação e autorização [69].

2.3.2.15 Scripting entre sites

Os ataques de Cross-Site Scripting (XSS) são uma das vulnerabilidades mais famosas dos sítios Web, sendo os métodos de ataque mais poderosos e mais fáceis nas aplicações Web[70]. O atacante injecta um script no sítio Web e, quando as páginas são devolvidas ao cliente, podem incluir código executável malicioso que será executado nos navegadores dos utilizadores. O XSS permite que os hackers injectem código malicioso nas páginas e recolham as informações do cliente, que são utilizadas para contornar os controlos de acesso[71].

2.3.2.16 Referências directas a objectos inseguras

De acordo com o autor em[45] Insecure Direct Object References, Uma referência direta a um objeto ocorre quando um programador expõe uma referência a um objeto de implementação interna, como um ficheiro, diretório ou chave de base de dados. Sem uma verificação de controlo de acesso ou outra proteção, os atacantes podem manipular estas referências para aceder a dados não autorizados. As referências directas a objectos inseguras são uma espécie de fraqueza generalizada que permite fazer pedidos a objectos específicos através de páginas ou serviços sem a devida verificação do direito do requerente ao conteúdo.

2.3.2.17 Má configuração da segurança

A vulnerabilidade da configuração incorrecta da segurança deixa frequentemente portas traseiras para os hackers atacarem o sistema. A situação de má configuração da segurança é pior quando um único ambiente é frequentemente utilizado para alojar numerosas aplicações em tecnologias partilhadas [72]. Uma vez que a nuvem executa várias máquinas virtuais com vários clientes, a probabilidade de vários clientes serem expostos aos riscos de segurança seria elevada[72]. Por conseguinte, a configuração adequada da segurança é mais uma necessidade do que uma escolha para os fornecedores de serviços de nuvem para criar confiança entre os consumidores de serviços de nuvem.

2.3.2.18 Exposição de dados sensíveis

Muitas aplicações Web não conseguem proteger as informações sensíveis dos hackers. Os atacantes roubam dados sensíveis, como cartões de crédito, identificações fiscais e credenciais de autenticação, e podem roubar ou modificar essas informações inadequadamente protegidas para cometer fraudes com cartões de crédito, roubo de identidade ou outros crimes [45]. Os defeitos mais comuns da exposição de dados sensíveis são a não encriptação de dados sensíveis, a fraca geração e gestão de chaves e a fraca utilização de algoritmos. Os dados sensíveis merecem proteção adicional, como a cifragem em repouso ou em trânsito, bem como precauções especiais quando trocados com o navegador [45]. O efeito consequente da exposição de dados sensíveis inclui dados sensíveis como registos de saúde, credenciais, dados pessoais, cartões de crédito e outros do mesmo tipo.

2.3.2.19 Controlo de acesso ao nível da função em falta

A verificação insuficiente dos direitos de acesso ao nível da função da aplicação Web permitirá que os hackers acedam à aplicação sem a devida autorização. O atacante, que é um utilizador autorizado do sistema, altera simplesmente o URL ou um parâmetro para uma função privilegiada. Um exemplo disto seria um cliente não autorizado que tivesse a capacidade de aceder a um URL que contivesse dados sensíveis ou revelasse funcionalidades planeadas apenas para utilizadores autorizados [45]. Estes defeitos permitem que os atacantes acedam a funcionalidades não autorizadas.

2.3.2.20 Falsificação de pedidos entre sites (CSRF)

O ataque Cross- Site Request Forgery (CSRF) permite a um intruso forçar um cliente autenticado a realizar uma atividade sem o seu consentimento ou conhecimento. O CSRF é um ataque que força o cliente-alvo a executar uma ação maliciosa na aplicação Web em que está autenticado, como a apresentação de pedidos HTTP forjados através de etiquetas de imagem, XSS ou outras técnicas [68]. Os atacantes podem forçar as vítimas a executar qualquer operação de mudança de estado que a vítima esteja autorizada a realizar, por exemplo, atualizar os dados da conta, fazer compras, terminar a sessão e até mesmo iniciar sessão[45].

2.3.2.21 Utilização de componentes com vulnerabilidades conhecidas

É comum incluir componentes com vulnerabilidades conhecidas em aplicações Web, como bibliotecas de estruturas e outros módulos de software. Uma biblioteca vulnerável pode permitir que um atacante utilize indevidamente todas as vantagens da aplicação, incluindo o acesso a qualquer informação, a execução de transacções, a obtenção de registos e a comunicação com a Internet. O atacante reconhece alguns componentes vulneráveis através de scanning ou análise manual, modifica a exploração conforme necessário e executa o ataque. A informação demonstra que a maioria das organizações não parece ter um processo sólido para garantir que as bibliotecas de que dependem estão actualizadas e livres de vulnerabilidades conhecidas [73]. Além disso, os programadores nem sequer conhecem todos os componentes que estão a utilizar, quanto mais as suas versões [45]. Assim, o efeito pode ir de insignificante a uma completa tomada de controlo do anfitrião e ao comprometimento dos dados [45]. **3.3.2.22 Redireccionamentos e encaminhamentos não validados**

As vulnerabilidades de desvio não validadas ocorrem quando um atacante pode desviar um cliente para uma página Web não fidedigna quando o cliente visita uma ligação situada num sítio fidedigno. "Os redireccionamentos e reencaminhamentos não validados são possíveis quando uma aplicação Web aceita entradas não fidedignas que podem fazer com que a aplicação Web redireccione o pedido para um URL contido numa entrada não fidedigna. Ao modificar a entrada de um URL não fiável para um sítio malicioso, um atacante pode lançar com êxito um esquema de phishing e roubar as credenciais do utilizador." [45]. O impacto de tais redireccionamentos pode tentar instalar malware ou enganar as vítimas para que revelem palavras-passe ou outras informações sensíveis [45].

3.4 Mitigação da segurança

Após a discussão e o exame de todos os possíveis desafios de segurança para a organização na nuvem, agora é hora de discutir diferentes técnicas de atenuação que estão sendo aplicadas até agora.

3.4.1 Encriptação

A encriptação é recomendada como uma solução para proteger as informações de diferentes ameaças e vulnerabilidades de segurança. Protege as pessoas não autorizadas do acesso à informação. Consequentemente, a encriptação é utilizada para proteger a informação transferida e também o armazenamento de cópias de segurança [24].

3.4.2 Autenticação

A autenticação é um dos processos mais importantes utilizados entre o fornecedor de serviços em nuvem e o cliente. O principal objetivo do processo de autenticação é garantir que os dados sejam acedidos por clientes autorizados. Geralmente, a técnica utilizada para autenticar o sistema é o alvo desejado pelos hackers[74]. Existem diferentes métodos de autenticação conhecidos que os fornecedores de serviços de computação em nuvem aplicam, por exemplo, nome de utilizador e palavra-passe, métodos de autenticação biométrica, multifactor e digital[75].

3.4.3 Gestão da identidade e do acesso

A Gestão de Identidades e Acessos (IAM) é utilizada para supervisionar o acesso aos activos, garantindo que a personalidade de um elemento é verificada e, em seguida, permitindo que o nível correto obtenha o ativo garantido. Uma vez que a gestão de identidades desempenha esse papel, a gestão de identidades é o local autorizado responsável pela autenticação de um utilizador final e pela afirmação de uma identidade para esse utilizador de uma forma fiável. Existem diferentes formas de implementar a IAM na nuvem, como a baseada em palavras-passe, a baseada em certificados, a baseada em dados biométricos e a baseada em fichas.

3.4.4 Firewalls

No ambiente de computação em nuvem, a firewall é uma ferramenta extremamente importante para proteger a nuvem de ataques. As firewalls residem na fronteira das redes e desempenham um papel importante na proteção dos sistemas finais contra ataques externos e tratam do tráfego de entrada e de saída[76]. As firewalls desempenham numerosas funções importantes, como a inspeção de pacotes, a tradução de endereços de rede, a oferta de autenticação encriptada e a realização de análises de vírus e de filtragem de conteúdos[76].

3.4.5 Sistema de deteção de intrusão

O sistema de deteção de intrusões (IDS) é uma ferramenta utilizada para monitorizar as actividades da rede ou do sistema no que respeita a actividades maliciosas. O IDS pode identificar padrões de intrusão verificando criticamente os pacotes de rede, aplicando assinaturas e gerando alarmes para os administradores do sistema [77]. Os IDS podem distinguir diferentes ataques, tanto de atacantes internos como de atacantes externos [77]. Os esquemas de IDS podem ser encontrados sob a forma de Deteção Estatística de Anomalias (SAD) e Deteção de Correspondência de Padrões (PMD)[78]. A SAD utiliza perfis estatísticos para detetar actividades anómalas como um ataque ao sistema[78]. A PMD identifica a atividade de intrusão na rede e compara-a com padrões ou assinaturas previamente definidos[78].

3.5 Declarações de problemas

A partir do estudo de trabalhos relacionados, pode ser claramente entendido que os desafios de segurança na computação em nuvem atraíram muitos investigadores e também é fácil reconhecer o facto de que a segurança da nuvem continua a ser um grande desafio. Um estudo de trabalhos relacionados indicou que existem diferentes questões de segurança em torno da computação em nuvem. Também é claro que apenas alguns deles se centraram na política de segurança. Também se pode compreender que, apesar de alguns investigadores se terem concentrado na política de segurança, não se discutem os obstáculos que impedem as empresas utilizadoras da computação em nuvem de definir uma política de segurança eficaz e a forma de definir uma política de segurança eficaz. Como referiu um autor em [35], as questões políticas identificadas com a computação em nuvem não estão a ser amplamente consideradas, o que significa que os estudos existentes sobre a política de segurança não são eficientes.

A política de segurança é essencial para o êxito da segurança da organização. O objetivo da política de segurança é estabelecer regras para o comportamento esperado dos utilizadores, a fim de minimizar os riscos e ajudar a controlar o cumprimento da regulamentação[79]. A política de segurança da informação trata da integridade, disponibilidade e confidencialidade dos dados electrónicos mantidos e transmitidos entre sistemas de informação[80]. Outros investigadores afirmam que o desenvolvimento de uma política de segurança da informação é o passo inicial para proteger uma organização de ataques internos e externos[81]. Por conseguinte, uma política de segurança é a base da segurança da informação das organizações[82].

Uma política de segurança da informação eficaz é um documento compreensível, significativo, prático e convidativo que se dirige diretamente aos utilizadores e os persuade da necessidade de tratar os recursos de informação de forma segura [83]. De acordo com diferentes estudos de investigação sobre a eficácia da política de segurança, o sucesso da política de segurança depende da forma como os conteúdos de segurança são abordados no documento de política e comunicados aos utilizadores [21].

Muitas empresas já têm políticas de segurança em vigor. No entanto, especialmente numa situação de nuvem, é provável que as políticas não estejam actualizadas, nem sejam eficazes, devido à constante mudança nas ameaças de ataque. Todos os dias são descobertas novas vulnerabilidades. Assim, uma política que tenha sido implementada há alguns meses não terá qualquer utilidade real para proteger a empresa de ataques. Para definir uma política de segurança eficaz, este estudo começa por identificar e analisar os desafios de segurança que as empresas têm de enfrentar. Uma vez que a arquitetura comercial de uma empresa não se limita aos sistemas técnicos, mas inclui pessoas, processos e tecnologia, é importante considerar os desafios de segurança sob estes diferentes ângulos para encontrar uma boa solução. O mecanismo de segurança correspondente praticado pelas empresas também foi identificado juntamente com os desafios de segurança. Em seguida, apresentar a solução para enfrentar eficazmente os desafios de segurança na política de segurança.

Capítulo 4

Conceção e análise

4.1 Introdução

Este capítulo diz respeito à conceção e à análise. A metodologia de investigação utilizada para este estudo é discutida na secção 4.2. Os resultados da revisão da literatura que abordarão a primeira questão de pesquisa, quais são os desafios que os usuários da nuvem enfrentam na definição de uma política de segurança eficaz, são discutidos por meio de resumo e organização em forma de tabela, na seção 4.3. As soluções de segurança existentes que estão relacionadas com a segunda questão de investigação são apresentadas em forma de tabela, na secção 4.4.

4.2 Metodologia de investigação

A metodologia de investigação é um meio através do qual o desenvolvimento de uma investigação vai ser completado e medido. O autor[84] sublinha que existem duas abordagens essenciais para lidar com a investigação: qualitativa e quantitativa. A investigação qualitativa preocupa-se em compreender os fenómenos em estudo num contexto natural, ou seja, "num contexto do mundo real [em que] o investigador não tenta manipular o fenómeno de interesse"[84,p.39]. Segundo o autor[86], a investigação qualitativa permite a descoberta e a construção de teorias. A investigação qualitativa é a que tentaremos utilizar no que respeita ao estudo de investigação.

Uma abordagem qualitativa é o modo de investigação mais adequado neste caso. Esta abordagem ajudar-nos-á a compreender a forma como as organizações percepcionam a elaboração da política de segurança; de que forma a política de segurança da organização é eficaz na proteção dos dados organizacionais e a gerar ideias; como melhorar a política de segurança das organizações. Neste estudo, é utilizada a revisão da literatura. A elaboração de um questionário e a realização de uma entrevista não são utilizadas devido à sensibilidade da investigação, que pode causar relutância em cooperar por parte dos utilizadores da nuvem, bem como devido aos custos e ao tempo.

4.2.1 Método de revisão da literatura

A revisão da literatura é um passo crucial e muito importante nas literaturas. Este método é utilizado para analisar diferentes materiais disponíveis publicamente, tais como artigos de investigação, livros ou qualquer outra coisa relacionada com a investigação. A revisão da literatura pode ajudar o leitor a descobrir uma ideia do trabalho que foi feito no passado relacionado com o que o leitor procura.

A revisão da literatura é utilizada para obter informações sobre a computação em nuvem, a política de segurança e as questões de segurança da nuvem. Uma vez que o objetivo da revisão da literatura é recolher informações relacionadas com o tema da investigação, será utilizada neste estudo para recolher informações relacionadas que satisfaçam as duas primeiras perguntas da investigação.

Foram utilizadas diferentes bases de dados, como IEEE, Science Direct, Springer Links e Google Scholar. Mas não se limita apenas a estas bases de dados, existem vários recursos utilizados, tais como relatórios de segurança da nuvem elaborados por diferentes organizações e empresas. Uma vez recolhida a literatura, foi selecionado o material relacionado com as questões de investigação.

4.2.3 Seleção de documentos de investigação relacionados

Uma das etapas importantes da revisão da literatura consiste em descobrir os estudos relacionados com as questões de investigação. Neste estudo, foram seleccionados os desafios de segurança que são críticos para a segurança dos utilizadores da nuvem e as respectivas medidas de combate. As palavras-chave que se seguem foram restringidas utilizando as expressões booleanas AND e OR, a fim de encontrar materiais relacionados.

Palavras-chave utilizadas

- Política de segurança

- Computação em nuvem

- Questões de segurança

- Ameaças à segurança na nuvem

- Vulnerabilidades de segurança na nuvem

- Riscos de segurança na nuvem

- Mecanismos de segurança

4.2.3 Apresentação do resultado final

Os resultados recolhidos através da revisão da literatura foram examinados para responder às duas primeiras questões de investigação. De acordo com o resultado final da revisão da literatura, este estudo vai apresentar os desafios de segurança que constituem obstáculos para as empresas na definição de uma política de segurança eficaz. A análise dos dados recolhidos através da literatura ajuda a responder a "Quais são os desafios que as empresas utilizadoras da nuvem enfrentam na definição de uma política de segurança eficaz? E quais são as soluções existentes para lidar com os desafios na definição de uma política de segurança eficaz?

4.3 Desafios actuais

A utilização da nuvem traz muitas vantagens para os utilizadores, incluindo o armazenamento e o acesso aos dados a partir de qualquer lugar através da Internet, mas também traz muitos problemas. Por exemplo, um incidente em que informações sensíveis, protegidas ou confidenciais são vistas, copiadas, transmitidas, roubadas ou perdidas por pessoas que não estão autorizadas a fazê-lo. Para combater este tipo de problemas, é importante considerar a implementação de uma política de segurança eficaz, mas a maioria não consegue proteger as empresas de danos devido aos diferentes desafios de segurança existentes.

Neste ponto, depois de efetuar a revisão da literatura e de examinar e analisar os trabalhos de investigação relacionados, são identificados diferentes desafios de segurança. Os desafios listados e resumidos na tabela são a principal preocupação das empresas. O desafio é categorizado em gestão e

técnico nas duas tabelas seguintes. A explicação detalhada destes desafios encontra-se na secção 3.3.

Os desafios de segurança de gestão com referência a questões de segurança são apresentados na tabela

4.1, enquanto as questões técnicas são apresentadas na tabela 4.2.

Tabela 4.1 Questões de segurança de gestão.

ID	Security Issues	Description
M01	Security Goals	Management define security goal of the company but changing business environment affecting security goals defined by management of the company.
M02	Compliance with Standards	Cloud computing presents a number of security standards have evolved with an excellent example but the lack of update and completeness of standards are issues.
M03	Audit Issues	The main goal of the audit is to know how effective security of organization but putting people lack of audit and technical skills are challenging issues.
M04	Complexity	Cloud computing is a trend with unique technology services such as SaaS, PaaS, and IaaS. Existing Security paradigm is not keeping the pace with complexity of technology.
M05	Lack of Responsibility and Accountability	Responsibility and accountability are a good mechanism to use to achieve the security goals. Unfortunately cloud provider lack of taking responsibility and accountability in ensuring the security of privacy.
M06	Management Attitude to Security	There are some company managers who either don't understand security, or don't care, perhaps

ID	Security Issues	Description
		because it is so difficult, or expensive to implement.
M07	Security Culture in the Company	If top management don't drive the need for a good security in the company because of their own poor attitude to security. A company with a weak security culture will find it is quickly exposed to all sorts of attacks, many of which it will be unable to defend against it.
M08	Management Approach	The approach where company manager was given authority by shareholder and able to access all information of the company while shareholders not. This allows managers to take business decision which concerns their bonus in expenses of companies' benefits.
M09	Threat Environment	Threats come from a variety of different actors possessing a varied level of expertise, some of which can be really difficult to guard against it. The threat from general criminal's activity target financial of the companies.

Quadro 4.2: Questões técnicas

ID	Security Issues	Description
T01	Data breach	A security incident in which sensitive, protected or confidential information is seen, copied, transmitted,

		stolen, or lost by people who are not authorized to do so.
T02	Insufficient Identity, Credential and Access Management	This problem has a big impact on organization data security, inadequate identity, credential or key management can empower unauthorized access to data and potentially terrible damage to organizations or end users.
T03	Insecure Interfaces and APIs	Cloud users access cloud services through interfaces. These interfaces are the target of heavy attack to expose user's data.
T04	System Vulnerabilities	A weakness in the system allows an attacker to access the system to steal data, control system and distributing operation services.
T05	Account Hijacking	Is an attack typically accomplished through strategies like phishing emails, spoofed emails, and faux pop-up windows? Once the attacker gets access they modify and control user accounts.
T06	Malicious Insiders	Malicious insiders typically use their intimate knowledge of corporation's information resources alongside with their authorized access to the system to commit malicious, thoughtful unauthorized acts.
T07	Advanced Persistent Threats	A sophisticated group of attackers with specific target intrudes into an organization cloud as legitimate traffic once finishes the procedure of reconnaissance, probes the association directly and afterward abuses utilizing diverse strategies.

T08	Data Loss	Data loss may occur when unauthorized individual accesses the shared pool of resources and deletes or modifies information and also the physical catastrophe.
T09	Insufficient Due Diligence	Organizations grasp the cloud without completely understanding the nature and its related dangers may experience different attacks that lead to data loss and breach.
T10	Abuse and Nefarious Use of Cloud Services	A common threat spammers and hackers to access cloud computing illegally to launch different attacks.
T11	Denial of Service	Hackers attack with the intention to keep away clients from having the capacity to access information or applications. They consume resources of cloud provider under target.
T12	Shared Technology Vulnerabilities	Cloud deliver the service by sharing infrastructure, platforms or applications this cloud main feature can lead to shared technology vulnerabilities that can potentially be exploited in all delivery models.
T13	Injection	Hackers insert malicious code into applications to run arbitrary code incorporates by taking the chances of the vulnerability of application. That help attacker's gain access to computing systems.
T14	Broken Authentication and Session Management	Another known attack happens when there is broken authentication and session management vulnerabilities is there. This attack gives authorization to attackers.

T15	Cross-Site Scripting (XSS)	A process of injecting malicious code into website that able hacker to gather the client information which is used to bypass the access controls.
T16	Insecure Direct Object References	A sort of pervasive weakness that permits requests to be made to particular objects through pages or services without the proper verification of requester's entitlement to the content.
T17	Security Misconfiguration	Cloud computing service providers run security configuration. Cloud users would be vulnerable if appropriate security configuration is not implemented.
T18	Sensitive Data Exposure	A defect of sensitive data exposure because of not encrypting sensitive data, weak key generation, management, and weak algorithm usage.
T19	Missing Function Level Access Control	An insufficient check web application function level access rights can give hackers gain unauthorized access of URL which contains sensitive information. Unauthorized access of URL which contains sensitive information.
T20	Cross-Site Request Forgery (CSRF)	A process allows an intruder to force an authorize client to execute a malicious action in the web application to do an activity without their consent or knowledge of users.
T21	Using Components with Known Vulnerabilities	A vulnerable library attackers recognize through scanning that can permit an attacker to misuse the full benefit of the application, including getting to any

		information, executing transactions, taking records, and communicating with the Internet.
T22	Unvalidated Redirects and Forwards	A process diverting users to the untrusted page. When a web application accepts untrusted input that could cause the web application to redirect the request to a URL contained within the untrusted input.

4.4 Soluções existentes

Existem várias contramedidas para proteger a computação em nuvem de diferentes desafios de segurança, incluindo a encriptação, a autenticação e a firewall. As contramedidas não se baseiam apenas em aspectos técnicos, mas incluem também outros. No último capítulo, foram analisadas e apresentadas as contramedidas utilizadas para proteger a computação em nuvem dos desafios de segurança enumerados. As contra-medidas apresentadas no quadro formam ligações com os desafios de segurança utilizados para proteger. No quadro 4.3 são apresentadas as questões de segurança de gestão com as contramedidas, enquanto no quadro 4.4 são apresentadas as questões de segurança técnica com as contramedidas.

Tabela 4.3: Questões de segurança de gestão com contra-medidas.

ID	Security Issues	Countermeasures
M01	Security Goals	a) changing security measures [27] b) Responsibility and accountability [87]
M02	Compliance with Standards	- Understand the ISO standards do not yet Exist at any sufficient level of detail to enable proper security in cloud computing[37]
M03	Audit Issues	- Cloud computing security audits must conform to

		some form of standard[88]
M04	Complexity	a) Using Declarative Cloud Three-Dimensional Security Matrix[37] b) Adopting Solutions considers People, Technology and Process[27]
M05	Lack of Responsibility and Accountability	a) Organization should define policies regarding its data practices[89] b) Demonstrating compliance to the cloud ecosystem's norms[89] c) Monitoring its data practices [89]
M06	Management Attitude to Security	- Aligning Information Security with Business Strategy[90]
M07	Security Culture in the Company	a) Building Security Community[91] b) Instilling the concept that security belongs to everyone[91]
M08	Management Approach	- Adopting Stewardship Approach [51]
M09	Threat Environment	a) Encryption[24] b) Authentication[74][75] c) Identity management d) Firewalls[76]

Quadro 4.4, Questões técnicas de segurança com contra-medidas.

	Security Issues	**Countermeasures**
T01	Data breach	- Encryption
T02	Insufficient Identity,	- Identity & Access Management[44]

	Credential and Access Management	
T03	Insecure Interfaces and APIs	a) Encrypting the data and transfer through the interfaces[92] b) Identity and Access Management Guidance
T04	System Vulnerabilities	- Monitoring Application & Interface Security
T05	Account Hijacking	a) Increasing the awareness of employees [93]. b) Prohibiting account credentials sharing between users and services [93] c) Anti-phishing and fraud detection policies [92] d) Identity and access management guidance[94]
T06	Malicious Insiders	- Policy [93]
T07	Advanced Persistent Threats	- Using Self-Destructive Mechanism [61]
T08	Data Loss	a) Encryption [93] b) Backups [93] c) Implement strong API access control [95] d) Using Client Based Privacy Manager
T09	Insufficient Due Diligence	- Awareness of their capability and being sure having human and technology resources required[93]
T10	Abuse and Nefarious Use of Cloud Services	a) Implementing stricter registration process and validation process [44] b) Credit card fraud monitoring and coordination[44]
T11	Denial of Service	a) Firewalls [93] b) Intrusion Detection System [77]
T12	Shared Technology Vulnerabilities	a) Cloud providers keeping their system updated and focus to configuration[93] b) Promote strong authentication and access controls

			for administrative access and operations [95]
T13	Injection	a)	using filtering techniques [96]
		b)	Web Application Intrusion Detection System for Input Validation Attack (WAIDS) [97]
T14	Broken Authentication and Session Management	a)	A single set of strong authentication and session management controls[45]
		b)	Automatic Detection Of Session Fixation Vulnerabilities in Web Applications[98]
T15	Cross-Site Scripting (XSS)	a)	Server Side Approach to automatically Detect XSS Attacks [99]
		b)	Using inclusion of an unpredictable token in each HTTP request.[45]
T16	Insecure Direct Object References	a)	Use per user or session indirect object references[45]
		b)	Check access [45]
T17	Security Misconfiguration	-	keeping and deploying all new software updates and patches in a timely manner [45]
T18	Sensitive Data Exposure	a)	Encrypting Sensitive Data [45]
		b)	Ensuring passwords are stored with an algorithm specifically designed for password protection[45]
T19	Missing Function Level Access Control	-	Blocking all file types that should not be served anyway [45]
T20	Cross-Site Request Forgery (CSRF)	-	Including the unique token in a hidden field, URL or URL parameter[45]
T21	Using Components with	a)	Adding security wrappers around components to

Known Vulnerabilities	disable unused functionality[45]
	b) Establishing security policies governing component use[45]
	c) Identifying all components and the versions you are using[45]
T22 Unvalidated Redirects and Forwards	- Avoiding using redirects and forwards[45]

4.5 Resumo do capítulo

Nos últimos anos, a computação em nuvem tornou-se essencial para o fornecimento de serviços de tecnologias da informação. Apesar de todas as mudanças positivas que a computação em nuvem trouxe aos serviços de TI, os desafios de segurança continuam a ser uma das principais preocupações dos utilizadores da nuvem. A discussão neste capítulo apresentou diferentes questões de segurança, juntamente com a metodologia de investigação utilizada para identificar os desafios. Os desafios foram categorizados em questões técnicas e de gestão. Os mecanismos de segurança utilizados para proteger os dados da organização contra esses desafios também foram apresentados juntamente com os desafios de segurança.

Capítulo 5
Modelo de política de segurança

5.1 Introdução

O objetivo deste capítulo é apresentar a solução proposta para a principal questão de investigação deste estudo. Os desafios de segurança identificados são analisados na secção 5.2. A solução proposta é um modelo de política de segurança analisado na secção 5.3. No final, o que é necessário fazer para manter a eficácia da política de segurança é discutido na secção 5.4.

5.2 Os desafios de segurança identificados

Esta investigação teve como objetivo identificar os desafios de segurança na definição da política de segurança e, como resultado, foram identificados 31 desafios de segurança, discutidos na secção 2.3, categorizando-os como desafios técnicos e de gestão. As listas dos desafios de segurança identificados são: objectivos de segurança, conformidade com as normas, questões de auditoria, complexidade, falta de responsabilidade e responsabilização, atitude da gestão em relação à segurança, abordagem da gestão, ambiente de ameaça. Violação de dados, gestão insuficiente da identidade, das credenciais e dos acessos, interfaces e API inseguras, vulnerabilidades do sistema, sequestro de contas, infiltrados mal-intencionados, ameaças persistentes avançadas, perda de dados, diligência insuficiente, abuso e utilização nefasta dos serviços em nuvem, negação de serviço, vulnerabilidades da tecnologia partilhada, Injeção, Autenticação e gestão de sessões quebradas, Cross-Site Scripting (XSS), Referências directas a objectos inseguras, Má configuração da segurança, Exposição de dados sensíveis, Falta de controlo de acesso ao nível da função, Falsificação de pedidos entre sítios (CSRF), Utilização de componentes com vulnerabilidades conhecidas, Redireccionamentos e reencaminhamentos não validados.

A lista de desafios em matéria de segurança identificada neste estudo foi apresentada a empresas como a Pakistan Telecommunication Company Limited (PTCL), a Ufone, a Efrotech e a

Generix Solutions. Apesar de todos os desafios enumerados serem considerados como os principais

desafios que necessitam de

mais atenção por parte das empresas, mas a Ufone Company destacou especificamente o seguinte

principais desafios de gestão da lista apresentada no quadro 5.1.

Tabela 5.1 Questões de segurança de gestão Resposta das empresas

ID	Security Issues	Companies Response
M01	Security Goals	Key Challenge
M02	Lack of Responsibility and Accountability	Key Challenge
M03	Management Attitude to Security	Key Challenge
M04	Security Culture in the Company	Key Challenge
M05	Management Approach	Key Challenge
M06	Threat Environment	Key Challenge

5.3 Modelo de política de segurança

O modelo de política de segurança proposto é apresentado na figura 5.1, que pode ajudar as

organizações a enfrentar os desafios de segurança na política de segurança. O modelo contém cinco

elementos: objectivos de segurança, políticas, mecanismos de segurança, requisitos de segurança e

desafios de segurança.

A direção da empresa começa por definir os seus objectivos de segurança (que serão de alto

nível e, no início, provavelmente vagos). Isto informa a forma como as políticas devem ser

enquadradas (a um nível elevado de abstração). Isto, por sua vez, define os mecanismos de segurança (os processos reais a serem implementados) que serão necessários para satisfazer os requisitos de segurança (a especificação detalhada dos objectivos de segurança). Se estes requisitos de segurança forem cumpridos, todos ficam satisfeitos. No entanto, se não forem cumpridos, isso significa que os Desafios de Segurança foram alterados, o que, por sua vez, viola os Objectivos de Segurança, o que significa que todo o processo tem de se adaptar para resolver o problema identificado. Este será um processo contínuo que deve continuar infinitamente devido à natureza em constante mudança dos Desafios de Segurança.

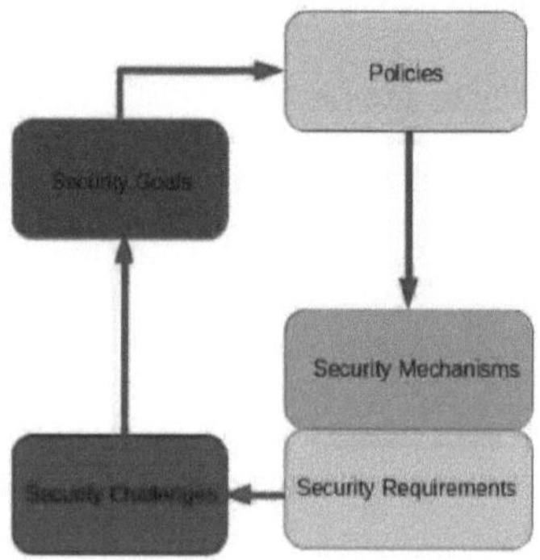

Figura 5.1: Modelo de política de segurança ©Jafar 2017

5.2.1 Objetivo de segurança

O primeiro passo é a gestão decidir quais os objectivos de segurança que a empresa deve cumprir. Os objectivos de segurança surgem quando a organização estabelece o que deseja para manter uma distância estratégica dos danos causados a alguns objectos no que diz respeito ao sistema[46]. O objeto a proteger pode ser um dado tangível, como dinheiro, ou intangível, por exemplo, informação[46]. De um modo geral, o objetivo da meta de segurança é o desejo de proteger os bens da organização de diferentes ameaças à segurança que prejudicariam os bens da empresa. Assim, a empresa precisa de ter em consideração os desafios de segurança identificados.

Uma vez que o principal objetivo da segurança é proteger a organização contra danos, é importante que a empresa comece por definir os objectivos de segurança que devem ser alcançados e a compreensão básica dos objectivos comerciais específicos da empresa. Isto leva a empresa a conhecer profundamente o que precisa de ser protegido para atingir os objectivos de segurança desejados e informa como as políticas devem ser enquadradas a um nível elevado de abstração.

5.3.1 Políticas

O segundo passo é uma política de segurança, que informa os mecanismos de segurança a utilizar para satisfazer os requisitos de segurança. As políticas de segurança definem a política da empresa para atingir os objectivos de segurança, pelo que, utilizando a informação dos objectivos de segurança definidos no primeiro passo, a gestão precisa de formular políticas de segurança que devem ser implementadas para atingir os objectivos de segurança. Isto esclarece a gestão sobre o que está a tentar fazer e quais as políticas necessárias para atingir os objectivos de segurança definidos na primeira etapa. Por isso, é importante garantir que os objectivos de segurança da empresa são abordados nas políticas.

A lista de desafios de segurança identificada neste estudo foi fornecida a empresas como a Pakistan Telecommunication Company Limited (PTCL), a Ufone, a Efrotech e a Generix Solutions. Apesar de todos os desafios de segurança enumerados serem considerados importantes pelas empresas, a Ufone destacou especificamente os seguintes desafios técnicos da lista apresentada na Tabela 5.2.

Tabela 5.2: Questões técnicas Resposta das empresas

ID	Security Issues	Companies Response
T01	Data breach	Key Challenge
T02	Insufficient Identity, Credential and Access Management	Key Challenge
T03	Insecure Interfaces and APIs	Key Challenge
T04	Data Loss	Key Challenge
T05	Insufficient Due Diligence	Key Challenge
T06	Abuse and Nefarious Use of Cloud Services	Key Challenge
T07	Denial of Service	Key Challenge
T08	Security Misconfiguration	Key Challenge
T09	Sensitive Data Exposure	Key Challenge

5.3.2 Mecanismos de segurança

O terceiro passo é o Mecanismo de Segurança, os processos efectivos a implementar que serão necessários para satisfazer os Requisitos de Segurança. Os mecanismos de segurança são utilizados para medir a eficácia das políticas. Todos os eventos relevantes que ocorrem são registados utilizando os mecanismos de segurança, todos realizados pelo pessoal de operações da empresa. As ferramentas desenvolvidas pelo pessoal de TI da empresa recolhem os dados numa base diária e contínua. É necessário recolher todos os dados necessários para controlar o desempenho da empresa em relação aos objectivos de segurança. Assim, as ferramentas utilizadas pelo pessoal operacional garantem o cumprimento dos objectivos definidos pela gestão de topo.

As ferramentas são verificadas pelo auditor da empresa para verificar o que está realmente a acontecer; se a empresa está a atingir os objectivos de segurança, então tem garantia; quando os auditores da empresa verificam o sistema, obtêm a prova de que atingiram o seu nível de conformidade através da garantia e da auditoria. Se surgirem novas ameaças, utilizam esta informação para atualizar os objectivos de segurança e continuam o ciclo. Isto assegura que podem alcançar uma conformidade de segurança contínua através da garantia e da auditoria numa base permanente. Finalmente, a dupla verificação pelos auditores externos, para garantir que ninguém no sistema está a fazer batota. Isto assegurará a total transparência do sistema, o que garantirá a fiabilidade dos dados produzidos. Este é também um mecanismo importante para garantir a total transparência do sistema. A aprovação pelos auditores externos dará aos accionistas a certeza de que a gestão está a comportar-se corretamente.

5.3.3 Requisitos de segurança

Os requisitos de segurança são a especificação pormenorizada dos objectivos de segurança. Os requisitos de segurança definem os procedimentos necessários para alcançar as políticas de segurança, satisfazendo assim os objectivos de segurança. Todos são definidos pela gestão de topo e pela gestão intermédia. É necessário garantir que as ferramentas necessárias são utilizadas para que os requisitos de segurança sejam cumpridos. Assegurar que as ferramentas necessárias são utilizadas pela empresa para que os requisitos de segurança sejam cumpridos ajuda a saber até que ponto a ferramenta é eficiente na proteção da empresa contra os desafios de segurança. A auditoria interna da empresa examina o que é exigido e o que efetivamente aconteceu. Qualquer variação entre os dois factos evidenciará a existência de problemas de segurança. Por último, os auditores externos efectuam uma dupla verificação, para garantir que as ferramentas necessárias são implementadas para cumprir os requisitos de segurança.

5.3.5 Desafios de segurança

Nesta fase, é necessário lidar com os desafios de segurança à medida que vão surgindo. Os Desafios de Segurança representam novos desafios de segurança que vão surgindo. Assim que a empresa tem conhecimento de qualquer novo desafio, pode compará-lo com os seus objectivos de segurança existentes e, se estes forem adequados, não há problema; caso contrário, tem de ajustar ou alargar os objectivos de segurança, o que, por sua vez, se repercute na linha de base. Isto acontecerá continuamente para refletir o impacto do cenário de desafios de segurança em constante mudança. A empresa precisa de informar o que é necessário fazer, mudar ou melhorar para enfrentar os desafios de segurança que surgem. Esta informação pode ser fornecida livremente pelos criminosos numa base contínua. Depois, a administração toma medidas para enfrentar os desafios da política de segurança.

5.4 Política de segurança a ser efectiva

No modelo de política de segurança, o retorno de informação de cada fase para a administração garante que podem ser identificados novos ataques e que podem ser tomadas medidas para ajustar os objectivos de segurança, de modo a garantir que a empresa se mantém à frente da natureza em constante evolução das ameaças. Como resultado, a política é sempre actualizada e as novas ameaças emergentes são abordadas na política de segurança.

O perito da empresa, que é o responsável, tem de observar se a política de segurança está a funcionar bem. Todos os dias surgem novos problemas de segurança no ambiente de nuvem, especialmente os hackers que pretendem sempre prejudicar os activos da empresa. A política de segurança por si só não pode resolver a cibersegurança. O que a empresa faz com ela é que é a chave. Deve abordar todos os aspectos da arquitetura empresarial - nomeadamente: pessoas, processos e tecnologia. E, acima de tudo, deve dispor de um sistema de monitorização e comunicação de modo a ser alertada no momento em que ocorre qualquer tentativa de violação.

Capítulo 6

<u>Conclusão e trabalho futuro</u>

6.1 Introdução

Neste capítulo, conclui-se finalmente o estudo de investigação na secção 6.2. O objetivo e os contributos desta tese são analisados na secção 6.2.

6.2 Conclusão

Foram introduzidos e implementados diferentes mecanismos de segurança para proteger o ambiente de nuvem e a política de segurança é um dos mecanismos utilizados para proteger os activos das empresas contra danos. No entanto, as empresas enfrentam desafios e não conseguem definir uma política de segurança eficaz que proteja os seus activos. Por isso, esta investigação tentou responder quais são esses desafios e como abordá-los eficazmente na política de segurança.

Em primeiro lugar, este estudo começou por identificar os desafios de segurança que são a principal preocupação das empresas que utilizam a computação em nuvem. Através deste estudo, foram identificados 31 tipos de desafios de segurança que afectam direta ou indiretamente a segurança da empresa na nuvem. Os desafios identificados são categorizados como desafios técnicos e de gestão. Os desafios de gestão estão relacionados com a forma como a empresa gere a sua própria segurança. O outro são questões técnicas que afectam a segurança das empresas na nuvem.

Em segundo lugar, foram identificadas e enumeradas as contramedidas utilizadas para enfrentar esses desafios de segurança. Estes mecanismos de segurança listados são aplicados por diferentes organizações para proteger as suas informações. Assim, neste estudo, esses desafios estão relacionados com os mecanismos de segurança utilizados para os proteger, a fim de se perceber facilmente quais os mecanismos de segurança existentes.

O terceiro e mais importante é a abordagem eficaz destes desafios na política de segurança. Como principal contributo deste estudo, foi desenvolvido um modelo de política de segurança que pode ajudar a organização a resolver eficazmente estas questões. O modelo de segurança contém cinco elementos, como o objetivo de segurança, as políticas, os mecanismos de segurança, os requisitos de segurança e os desafios de segurança. A gestão da empresa começa por definir os seus objectivos de segurança. O objetivo do objetivo de segurança é o desejo de proteger os bens da organização contra diferentes ameaças de segurança que possam prejudicar os bens da empresa. O segundo passo é uma política de segurança, que define o que a organização pretende alcançar. Os mecanismos de segurança são o processo real a ser implementado e que será necessário para satisfazer os requisitos de segurança, que são a especificação detalhada dos objectivos de segurança. Nesta fase, todos os eventos relevantes são registados através da utilização de mecanismos de segurança, a fim de saber se as ferramentas são eficazes para atingir os objectivos de segurança. O último elemento, os desafios de segurança, representa os novos desafios de segurança que vão surgindo, nesta fase, para lidar com os desafios de segurança à medida que vão surgindo.

6.3 Trabalho futuro

Apesar dos diferentes desafios de segurança identificados neste estudo, que necessitam de proteção, acreditamos firmemente que é necessário realizar mais trabalhos nesta área devido à natureza em constante mudança das ameaças à segurança. No futuro, podem ser realizados trabalhos nos seguintes domínios

1: Procura de novas ameaças à segurança.

2: Analisar de que forma os mecanismos de segurança utilizados pelas empresas são eficazes para proteger os novos desafios de segurança.

Referências

[1] K.Weins, "Tendências da computação em nuvem: Inquérito sobre o estado da nuvem em 2016", 2016. [Online].

Disponível: http://www.rightscale.com/blog/cloud-industry-insights/cloud-computing-trends- 2016-state-cloud-survey. [Acedido: 08-Dez-2016].

[2] Cisco, "Cisco Visual Networking Index: Atualização da previsão do tráfego global de dados móveis, 20152020 White Paper - Cisco," 2016. [Online]. Disponível: http://www.cisco.com/c/en/us/solutions/collateral/service-provider/visual-networking-index-vni/mobile-white-paper-c11-520862.html. [Acedido: 08-Dez-2016].

[3] J. B. Horrigan, "'Cloud computing' takes hold as as 69% of all internet users have either stored data online or used a web-based software application", 2008.

[4] P. Mell e T. Grance, "The NIST Definition of Cloud Computing", pp. 1-2, 2009.

[5] S. Pearson, "Taking Account of Privacy when Designing Cloud Computing Services 2 . Por que razão is it important to take privacy into," *HP Lab.*, pp. 44-52, 2009.

[6] I. M. Khalil, A. Khreishah, e M. Azeem, "Cloud Computing Security: A Survey", pp. 1-35, 2014.

[7] W. Venters e E. A. Whitley, "A Critical Review of Cloud Computing: Researching Desires and Realities", *J. Inf. Technol.*, vol. 27, no. 3, pp. 179-197, 2012.

[8] Open Group Cloud Computing, "Maximizing the Value of Cloud for Small-Medium Enterprises - Cloud Adoption Benefits for the SME and Business Case". [Online]. Disponível: http://www.opengroup.org/cloud/cloud_sme/p3.htm. [Acedido: 27-Fev-2017].

[9] K. E. U. Ahmed, V. Alexandrov, Z. Mahmood, e R. Hill, *Gestão de Identidades e Acessos em Computação em Nuvem*, 1.ª ed., n.º. janeiro de 2011. Londres: Springer London, 2011.

[10] S. Guilloteau, "Privacy in Cloud Computing", França, 2012.

[11] A. Z. M. Zhou, R. Zhang, W. Xie, W. Qian, "Security and Privacy in Cloud Computing A Survey",

2010 Sixth Int. Conf. Semant. Knowl. Grids, pp. 105-112, 2010.

[12]   M. Levinson, "Software as a Service (SaaS) Definition and Solutions | CIO," www.cio.com, 2007. [Online]. Disponível: http://www.cio.com/article/2439006/web-services/software-as-a-

service--saas--definition-and-solutions.html. [Acedido em: 10-Nov-2016].

[13]   D. Hinchcliffe, "Cloud computing: A new era of IT opportunity and challenges | ZDNet," www.zdnet.com, 2009. [Online]. Disponível: http://www.zdnet.com/article/cloud-computing-a- new-era-of-it-opportunity-and-challenges/. [Acedido: 10-Nov-2016].

[14]   S. Pearson, "Privacy, Security and Trust in Cloud Computing", *Priv. Secur. Cloud Comput.*, pp.3-42, 2013.

[15]   AM Kuo, "Opportunities and challenges of cloud computing to improve health care services," 2011. [Online]. Disponível:

https://openi.nlm.nih.gov/detailedresult.php?img=PMC3222190_jmir_v13i3e67_fig1&req=4. [Acedido: 26-Nov-2016].

[16]   M. Swanson, J. Hash, P. Bowen, C. M. Gutierrez, e W. Jeffrey, "Guide for Developing Security Plans for Federal Information Systems," *NIST Spec. Publ.*, vol. 800, no. 1, 2006.

[17]   A.W. Kadam, "Information Security Policy Development and Implementation", *Inf. Syst. Secur.*, pp. 246-256, 2007.

[18]   L. Karadsheh, "Applying security policies and service level agreement to IaaS service model to enhance security and transition", *Comput. Secur.*, vol. 31, no. 3, pp. 315-326, 2012.

[19]   T. R. Peltier, "Developing an Enterprisewide Policy Structure", *Inf. Syst. Secur.*, pp. 44-50, 2004.

[20]   M.E. Whitman e H.J. Mattord, *Principles of information security*, 5th ed., EUA: Coles College Business, Kennesaw State University, 2009. EUA: Coles College of Business, Kennesaw State University, 2009.

[21]   J. H. P. Eloff e K. Hone, "Information security policy - what do international information security standards say?", *Comput. Secur.*, pp. 402-409, 2002.

[22]   F.Gens, "New IDC IT Cloud Services Survey: Top Benefits and Challenges", 2009. [Online]. Disponível: http://blogs.idc.com/ie/?p=730. [Acedido: 02-Out-2016].

[23]   IBM, "2015 Cost of Data Breach Study: United States", 2016. [Online]. Disponível: http://www.databreachtoday.com/whitepapers/2015-cost-data-breach-study-united-states-w-   2397. [Acedido: 11-Nov-2016].

[24]   L. Coppolino, S. D'Antonio, G. Mazzeo, e L. Romano, "Cloud security: Emerging threats and current solutions," *Comput. Electr. Eng.*, pp. 1-15, 2016.

[25]   B. Grobauer, T. Walloschek, e E. Stocker, "Understanding cloud computing vulnerabilities," *IEEE Secur. Priv.*, vol. 9, n.º 2, pp. 50-57, 2011.

[26]   PWC, "UK Information Security Breaches Survey - Technical Report 2012", Reino Unido, 2012.

[27]   B. Duncan e M. Whittington, "Enhancing Cloud Security and Privacy: The Power and the Weakness of the Audit Trail," *Submitt. to Cloud Comput. 2016*, pp. 1-6, 2016.

[28]   S. Bulusu e K. Sudia, "Um estudo sobre os desafios de segurança da computação em nuvem", 2012.

[29]   H. Takabi, J. B. D. Joshi, e G.-J. Ahn, "Security and Privacy Challenges in Cloud Computing Environments," *IEEE Secur. Priv. Mag.*, vol. 8, no. 6, pp. 24-31, Nov. 2010.

[30]   E. Mathisen, "Security challenges and solutions in cloud computing," in *5th IEEE International Conference on Digital Ecosystems and Technologies (IEEE DEST 2011)*, 2011, pp.208-212.

[31]   J. Grover, M. Sharma, e Shikha, "Cloud Computing and Its Security Issues - A Review," *Fifth Int. Conf. Comput. Commun. Netw. Technol.*, pp. 1-5, 2014.

[32]   M. Al Morsy, J. Grundy, and I. Muller, "An Analysis of The Cloud Computing Security Problem," *Proc. APSEC 2010 Cloud Work. Sydney, Aust. 30 de novembro de 2010. An*, pp. 1-6, 2010.

[33]   M. Jensen, J. Schwenk, N. Gruschka, e L. Lo Iacono, "On Technical Security Issues in Cloud Computing," em *2009 IEEE International Conference on Cloud Computing*, 2009, pp. 109-116.

[34]   H. Eken, "Security threats and solutions in cloud computing", *2013 World Congr. Internet Secur.*

WorldCIS 2013, pp. 139-143, 2013.

[35]   P. T. Jaeger, J. Lin, and J. M. Grimes, "Cloud computing and information policy: Computing in a policy cloud?", *Computing*, vol. 5, no. 3, pp. 269-283, 2008.

[36]   M. Felici, M. G. Jaatun, E. Kosta, e N. Wainwright, "Bringing Accountability to the Cloud: Addressing Emerging Threats and Legal Perspectives", *Commun. Comput. Inf. Sci.*, vol. 182, pp.28-40, 2013.

[37]   B. Duncan, D. J. Pym, e M. Whittington, "Developing a Conceptual Framework for Cloud Security Assurance", *Cloud Comput. Technol. Sci. (CloudCom), 2013 IEEE 5th Int. Conf. (Volume 2)*, no. abril, pp. 120-125, 2013.

[38]   K. K. Fletcher, "Análise de requisitos de segurança na nuvem e desenvolvimento de políticas de segurança usando uma técnica de modelagem orientada a objetos de alta ordem", 2010.

[39]   S. Oulmakhzoune, N. Cuppens-Boulahia, F. Cuppens, and S. Morucci, "Privacy Policy Preferences Enforced by SPARQL Query Rewriting," in *2012 Seventh International Conference on Availability, Reliability and Security*, 2012, pp. 335-342.

[40]   M. Singhal, S. Chandrasekhar, Tingjian Ge, R. Sandhu, R. Krishnan, Gail-Joon Ahn e E. Bertino, "Collaboration in multicloud computing environments: Framework and security issues," *Computer (Long Beach. Calif)*, vol. 46, no. 2, pp. 76-84, Feb. 2013.

[41]   H. Takabi, "A Sementic Based Policy Management Framework for Cloud Computing Enviroments," 2013.

[42]   U. Lang e R. Schreiner, "Analysis of recommended cloud security controls to validate OpenPMF "policy as a service"," pp. 1-11, 2011.

[43]   T. S. Model e D. Georgiou, "A Security Policy for Cloud Providers", n.º c, pp. 13-21, 2014.

[44]   Cloud security Alliance, "Cloud Computing Top Threats in 2016 The Treacherous 12", *Cloud securityalliance*, 2016. [Online]. Disponível: https://downloads.cloudsecurityalliance.org/assets/research/top-threats/Treacherous-12_Cloud-

Computing_Top-Threats.pdf [Acedido: 01-Out-2016].

[45] OWSAP, "The Ten Most Critical Web Application Security Risks." (Os dez riscos mais críticos para a segurança das aplicações Web), https://www.owasp.org/index.php/OWASP_Top_Ten_Cheat_Sheet, 2013. [Online]. Disponível: https://www.owasp.org/index.php/OWASP_Top_Ten_Cheat_Sheet. [Acedido: 10-Nov- 2016].

[46] C. B. Haley Ba, "Argumenting Security: A Framework for Analyzing Security Requirements", 2007.

[47] B. Duncan e M. Whittington, "Compliance with Standards, Assurance and Audit: Does this Equal Security?", *Proc. 7th Int. Conf. Secur. Inf. Networks*, pp. 77-84, 2014.

[48] B. Duncan e M. Whittington, "Enhancing Cloud Security and Privacy: Broadening the Service Level Agreement," *14th IEEE Int. Conf. Trust. Secur. Priv. Comput. Commun. (IEEE Trust.*, pp. 1088-1093, 2015.

[49] S. Pearson e A. Benameur, "Privacy, Security and Trust Issues Arising from Cloud Computing", *2010 IEEE Second Int. Conf. Cloud Comput. Technol. Sci.*, pp. 693-702, 2010.

[50] M. C. Jensen e W. H. Meckling, "Theory of the Firm: Managerial Behavior, Agency Costs and Ownership Structure", *J. Financ. econ*, vol. 3, no. 4, pp. 305-360, 1976.

[51] B. Duncan e M. Whittington, "Company Management Approaches - Stewardship or Agency: Which Promotes Better Security in Cloud Ecosystems?", *Cloud Comput. 2015*, pp. 154-159, 2015.

[52] S. Pearson, V. Tountopoulos, D. Catteddu, M. Sudholt, R. Molva, C. Reich, S. Fischer-Hubner, C. Millard, V. Lotz, M. Gilje Jaatun, R. Leenes, C. Rong e J. Lopez, "Accountability for Cloud and Other Future Internet Services", *2012 IEEE 4th Int. Conf. Cloud Comput. Technol. Sci.*, pp. 1-4, 2012.

[53] B. Duncan e M. Whittington, "Segurança da informação na nuvem: Should We be Using a DifferentApproach?", *2015 IEEE 7th Int. Conf. Cloud Comput. Technol. Sci.*, pp. 1-6, 2015.

[54] A. M. Sebastian, "A Review on Cloud Security Threats and Solutions," pp. 25-28, 2015.

[55] Y. Rahulamathavan, M. Rajarajan, O. F. Rana, e M. S. Awan, "Assessing Data Breach Risk in Cloud Systems," 2015.

[56] Y. Yang, X. Chen, G. Wang e L. Cao, "Uma arquitetura de gestão de identidades e acessos na nuvem", *2014 Seventh Int. Symp. Comput. Intell. Des.*, vol. 2, pp. 200-203, 2014.

[57] L. A. Maghrabi, "The threats of data security over the Cloud as perceived by experts and university students", *2014 World Symp. Comput. Appl. Res. WSCAR 2014*, pp. 0-5, 2014.

[58] Federal Deposit Insurance Corporation Division of Supervision and Consumer Protection Technology Supervision Branch, "Putting an End to Account-Hijacking Identity Theft", pp. 141, 2004.

[59] M. B. Bondada and S. M. S. Bhanu, "Analyzing user behavior using keystroke dynamics to protect cloud from malicious insiders," *2014 IEEE Int. Conf. Cloud Comput. Emerg. Mark. CCEM 2014*, 2015.

[60] F. Rocha e M. Correia, "Lucy in the Sky without Diamonds: Stealing Confidential Data in the Cloud", *Dependable Syst. Networks Work. (DSN-W), 2011 IEEE/IFIP 41st Int. Conf. on.*

IEEE, 2011, pp. 1-6, 2011.

[61] J. V. Chandra, N. Challa, e S. K. Pasupuleti, "Sistema avançado de defesa contra ameaças persistentes usando mecanismo autodestrutivo para segurança na nuvem", no. março, 2016.

[62] L. Zeng, S. Chen, Q. Wei, e D. Feng, "SeDas: A Self-Destructing Data System Based on Active Storage Framework", *IEEE Trans. Magn.*, vol. 49, no. 6, pp. 2548-2554, Jun. 2013.

[63] Y. A. Hamza e M. D. Omar, "Cloud Computing Security: Abuse and Nefarious Use of Cloud Computing", *Int. J. Comput. Eng. Res.*, vol. 3, no. 6, pp. 22-27, 2013.

[64] C. H. Lin, J. C. Liu, S.Y. Huang, C.Y. Lee, e C. R. Chen, "A detection scheme for flooding attack on application layer based on semantic concept," in *2010 International Computer Symposium (ICS2010)*, 2010, pp. 385-389.

[65] W. Alosaimi, M. Alshamrani, e K. Al-begain, "Estudo baseado em simulação da prevenção de ataques distribuídos de negação de serviço na nuvem", pp. 0-5, 2015.

[66] L. Coppolino, S. D'Antonio, G. Mazzeo, e L. Romano, "Cloud security: Emerging threats and current solutions," *Comput. Electr. Eng.*, vol. 0, pp. 1-15, 2015.

[67]   O. B. Alkhurafi, "Survey of Web Application Vulnerability Attacks", *2015 4th Int. Conf. Adv. Comput. Sci. Appl. Technol.*, pp. 154-158, 2016.

[68]   N. Elbachir, E. Moussaid, e A. Toumanari, "Web Application Attacks Detection : A Survey and Classification," vol. 103, no. 12, pp. 1-6, 2014.

[69]   G. K. Pannu, "A Survey on Web Application Attacks", *Int. J. Comput. Sci. Inf. Technol.*, vol. 5, no.3, pp.4162-4166, 2014.

[70]   S. Patil e P. N. Agrawal, "Web Security Attacks and Injection- A Survey", *International J. Adv. Res. Technol.*, vol. 4, no. 2, pp. 62-67, 2015.

[71]   S. S. Tirumala, "Análise e prevenção de INCIDENTES baseados em sequestro de contas em ambiente de nuvem", *IEEE 2015 Int. Conf. Inf. Technolo*, pp. 124-129, 2015.

[72]   B.Eshete, A.Villafiorita, and K.Weldemariam, "BINSPECT: Holistic Analysis and Detection ofMalicious Web Pages," pp. 1-18, 2011.

[73]   J. Williams e A. Dabirsiaghi, "The Unfortunate Reality of Insecure Libraries Chief

Diretor Executivo", 2012.

[74]   S. Iqbal, L. Mat, B. Dhaghighi, and M. Hussain, "Journal of Network and Computer Applications On cloud security attacks : A taxonomy and intrusion detection and prevention as a service,"./. *Netw. Comput. Appl.*, vol. 74, pp. 98-120, 2016.

[75]   A. S. Raja, "Análise de segurança e privacidade em ambiente de nuvem pública", pp. 1-6, 2015.

[76]   J. Cropper, J. Ullrich, P. Fr, e E. Weippl, "The Role and Security of Firewalls in laaS Cloud Computing," pp. 70-79, 2015.

[77]   A. A. Aryachandra, F. A. Y, e N. A. S, "Sistema de Deteção de Intrusão (IDS) Análise de Colocação de Servidores em Computação em Nuvem," vol. 4, no. c, pp. 3-7, 2016.

[78]   R. Vanathi e S. Gunasekaran, "Comparação de sistemas de deteção de intrusão de rede em ambiente de computação em nuvem", 2012.

[79]   S. Diver, "Information Security Policy - A Development Guide for Large and Small Companies", *Inf.*

Secur. SANS Inst., pp. 1-27, 2007.

[80]   D. W. Straub, "Effective IS Security", *Inf. Syst. Res.*, pp. 255-276, 1990.

[81]   W. E, ; M., A. M Townsend M, and R. J. Aalberts, "Information Systems and the Need for policy," *Inf. Secur. Manag. Glob. challenges nextMillenn.*, pp. 9-18, 2001.

[82]   A. Warman, "Organizational computer security policy: the reality", *Eur. J. Inf. Syst.*, vol. 1, no.5, pp.305-10, 1995.

[83]   K. Hone e J. H. P. Eloff, "What makes an effective information security policy?", *Netw. Secur.*, vol. 2002, n.º 6, pp. 14-16, 2002.

[84]   P. Bazeley, *Issues in Mixing Qualitative and Quantitative Approaches to Research*, 1st ed., Palgrave Macmillan:. Palgrave Macmillan: Applying Qualitative Methods to Marketing Management Research, 2004.

[85]   M. Patton, *Qualitative research and evaluation methods*, 3rd ed., California. Califórnia: Thousand Oaks, CA: Sage Publications, Inc., 2001.

[86]   G. Laurent, "Improving the external validity of marketing models: A plea for more qualitative input", *Int. J. Res. Mark.*, pp. 177-182, 2000.

[87]   B. Duncan and M. Whittington, "The importance of proper measurement for a cloud security assurance model," *Proc. - IEEE 7th Int. Conf. Cloud Comput. Technol. Sci. CloudCom 2015*, pp.517-522, 2016.

[88]   J.Ryoo, S.Rizvi, W.Aiken e J.Kissell, "Auditoria de segurança na nuvem: Challenges and Emerging Approaches" (Desafios e abordagens emergentes), 2015. [Online]. Disponível: https://www.infoq.com/articles/cloud-security-   auditing-challenges-and-emerging-approaches. [Acedido: 19-Sep-2016].

[89]   S. Pearson, "Acountablity in the Cloud", *Intenational Telecommun. Union, Kaleidosc.*, pp. 516, 2015.

[90]   J.N. Stewart, "Estabelecendo a cultura de segurança de uma organização - Cisco". [Online]. Disponível:

http://www.cisco.com/c/en/us/about/security-center/establishing-security-culture.html.
[Acedido em: 20-Jan-2017].

[91] C.Romeo, "6 maneiras de desenvolver uma cultura de segurança na sua organização". [Online].
Disponível: https://techbeacon.com/6-ways-develop-security-culture-top-bottom. [Acedido: 20-Mar-2017].

[92] A. Hendre e K. P. Joshi, "Uma abordagem semântica para a segurança e conformidade da nuvem",
2015.

[93] M. M. Alani, "Securing the Cloud: Threats, Attacks and Mitigation Techniques", *J. Adv.
Comput. Sci. Technol.*, vol. 3, no. 2, pp. 202-213, 2014.

[94] CSA, "SecaaS Implementation Guidance", *Cloud security alliance*, 2012. [Online]. Disponível:
https://downloads.cloudsecurityalliance.org/initiatives/secaas/SecaaS_Cat_1_IAM_Implement
ation_Guidance.pdf. [Acedido: 19-Nov-2016].

[95] V. Ashktorab and S. R. Taghizadeh, "Security Threats and Countermeasures in Cloud Computing," vol.
1, no. 2, pp. 234-245, 2012.

[96] A. Liu, Y. Yuan, D. Wijesekera, e A. Stavrou, "SQLProb: Uma arquitetura baseada em proxy para
prevenir ataques de injeção de SQL," Conf. *Proc. 2009 ACMSymp. Appl. Comput.*, pp. 1-8, 2009.

[97] Y. Park and J. Park, "Web Application Intrusion Detection System for Input Validation Attack," in
2008 Third International Conference on Convergence and Hybrid Information Technology, 2008, pp.
498-504.

[98] Y. Takamatsu, Y. Kosuga, e K. Kono, "Deteção automatizada de vulnerabilidades de gestão de sessões
em aplicações Web", em *2012 Tenth Annual International Conference on
Privacy, Security and Trust*, 2012, pp. 112-119.

[99] H. Shahriar and M. Zulkemine, "S2XS2: A Server Side Approach to Automatically Detect XSS
Attacks," in *2011 IEEE Ninth International Conference on Dependable, Autonomic and Secure
Computing*, 2011, pp. 7-14.

Printed by Books on Demand GmbH, Norderstedt / Germany